CHARLES CHINCHOLLE

LES SURVIVANTS DE LA COMMUNE

L. BOULANGER, Éditeur, 83, rue de Rennes, PARIS

LES SURVIVANTS
DE
LA COMMUNE

DU MÊME AUTEUR

ROMANS

LE CATALOGUE DE L'AMOUR.
LES JOURS D'ABSINTHE.
LA CEINTURE DE CLOTILDE.
LE SERMENT DES HOMMES ROUGES (en collaboration).
COQUELICOT (en collaboration).
LA POLICE (en collaboration).

Prochainement :

LE VIEUX GÉNÉRAL.

THÉATRE

L'ONCLE MARGOTTIN.
LE MARI DE JEANNE.
LA CORDE DE PENDU.
OUBLIER LE MONDE (en collaboration).
LE VOYAGE ROSE.
MON GENDRE BOIT.

FANTAISIES, PHILOSOPHIE, ETC.

LA PLUME AU VENT (épuisé).
ALEXANDRE DUMAS CHEZ LUI (épuisé).
LES PENSÉES DE TOUT LE MONDE.
LES PHRASES COURTES.
LE FRÈRE IRLIDE (épuisé).

F. Aureau. — Imprimerie de Lagny.

CHARLES CHINCHOLLE

LES SURVIVANTS

DE LA

COMMUNE

PARIS

L. BOULANGER, LIBRAIRE-ÉDITEUR

83, RUE DE RENNES, 83

1885

Tous droits réservés

AVANT-PROPOS

Que sont devenus les hommes de la Terreur moderne? Si une nouvelle Commune ou quelque gouvernement semblable se produisait, se remettraient-ils à la tête du mouvement?

Il n'est pas seulement curieux de le rechercher. Une pareille étude est encore d'intérêt public.

Nous allons nous permettre de l'entreprendre.

On ne sera pas étonné de ne point trouver dans les pages qui vont suivre de longs détails sur ceux qui, comme MM. Tirard et Méline, ont reculé, dès les premiers jours, devant la terrible charge qui leur incombait. Ceux-là sont devenus plus tard des ministres ou des sous-secrétaires d'État relativement calmes. Ils sont les conservateurs de demain.

Nous avons également écourté les biographies des Henri Rochefort, des Alphonse Humbert, des Ranc, qui sont vraiment trop connues.

Nous nous sommes surtout occupé des hommes qui, bien qu'ayant joué en 1871 un rôle important, ont le moins souvent ou n'ont jamais tenté la presse.

Nous n'avons fait exception à cette loi qu'en faveur de Louise Michel, qui mérite vraiment une étude spéciale.

Par les renseignements que nous avons recueillis en suivant assidûment les réunions publiques, on verra que beaucoup d'entre les loups de 1871 ont de bonnes raisons pour être les agneaux de 1885 et des années suivantes.

AVANT-PROPOS

Nous avons divisé notre travail en cinq séries :

    I. — Les Membres de la Commune.
    II. — Les Soldats de la Commune.
    III. — Les Femmes de la Commune.
    IV. — Les Sectaires de la Commune.
    V. — Le Musée de la Commune.

Les trois premières séries ont des titres suffisamment explicites. Dans la quatrième, nous avons rangé les hommes qui, n'ayant été ni membres ni soldats de la Commune, l'ont servie soit au Comité central, soit dans les réunions, soit dans la presse, ou ceux sur qui nous n'avons eu qu'à la dernière heure les renseignements nécessaires. Dans la cinquième série, nous avons mentionné les objets, timbres, sceaux, médailles, boutons, etc., etc., qui ont, eux aussi, survécu à la Commune.

Ceci est un livre de bonne foi, comme disait Montaigne. Nous nous sommes dispensé de toute injure. Nous nous sommes contenté d'accumuler les faits que nous avons vus. La plupart ont été contrôlés par les témoins, quelques-uns auprès des intéressés eux-mêmes.

Si l'on veut bien toutefois nous signaler des erreurs ou des oublis, nous nous empresserons de les réparer, soit dans la seconde édition de ce volume, soit dans un autre ouvrage en préparation.

C. C.

PREMIÈRE SÉRIE

LES MEMBRES

DE LA COMMUNE

JULES ALLIX

Un fou.
Tel est l'avis de ses meilleurs amis.
Et un fou qui parle toujours.
C'est terrible.
On ne le connaît guère que par sa théorie des *Escargots sympathiques*.

Vous prenez un escargot et sa femelle. Vous gardez le mâle à Paris. Vous envoyez la femelle où vous voulez, — par exemple à Fontenay-le-Comte, patrie de l'inventeur.

Chaque fois que vous grattez le mâle à Paris, il dresse les cornes. Tout là-bas, en Vendée, la femelle dresse en même temps les siennes. Et réciproquement. Voilà pour le phénomène. Le reste est affaire de convention. On n'a qu'à établir que si les cornes se lèvent trois fois, cela voudra dire : « Organisez un grand meeting », pour avoir un système de télégraphie économique.

Comment le VIIIme arrondissement a-t-il nommé membre de la Commune celui qu'a repoussé son propre pays quand il a posé, en 1848, sa candidature à la Constituante? La chose va de soi. Jules Allix avait été un des adversaires les plus acharnés de l'Empire. Mais ses folies troublèrent tellement le gouvernement insurrectionnel, que celui-ci dut deux fois le faire arrêter.

En revanche, après l'entrée des troupes, les mêmes folies le sauvèrent de la mort. On se contenta de l'envoyer à Charenton.

Ne pas confondre Jules Allix avec le docteur Allix, un des amis de la maison Victor Hugo.

Jules est le frère de celui-ci, qui est beaucoup plus sage que lui.

Aujourd'hui l'ancien membre de la Commune, — grandeur et décadence! — est le modeste secrétaire d'une association de bas-bleus qui rêvent l'égalité absolue de l'homme et de la femme.

Un fou chez des folles!

AMOUROUX

41 ans. Chevelure plaquée. Petite moustache. Lèvres minces. Voix stridente.

Un convaincu, s'il en fut. Un persistant. On le rencontre dans les grandes réunions publiques. Depuis longtemps conseiller municipal, il a été réélu comme autonomiste en 1884, dans le quartier de Charonne, par 3,511 électeurs sur 4,121 votants.

M. Amouroux est un de ceux qui travaillent le plus au Conseil municipal. Il s'occupe de tout. Ses adversaires de la droite eux-mêmes proclament son zèle et ses aptitudes. Et pourtant il se vante encore d'avoir été condamné par les assises de Riom pour avoir participé à la proclamation de la Commune à Saint-Etienne. Comme rubicond, il est donc parfait.

Dans le groupe de l'autonomie, il a formé un petit groupe de six membres qui se plaisent à le suivre et qui pourraient, en certains cas, l'aider à déplacer la majorité, ce qui lui donne à l'Hôtel-de-Ville une importance qui est, d'ailleurs, justifiée par ses aptitudes et par son zèle.

1.

ARTHUR ARNOULD

Fils d'un professeur de Faculté, qui lui avait fait donner une brillante éducation, Arthur Arnould, ancien rédacteur de l'*Opinion Nationale*, du *Rappel*, de la *Marseillaise*, — on voit la filière, — fut longtemps, pendant l'exil, le plus malheureux des anciens membres de la Commune où l'avait envoyé le VIIe arrondissement. Il erra partout, sans asile, sans argent.

Sa femme fut réduite à vendre des poulets au marché de Genève. Pendant ce temps, il écrivait, sous le pseudonyme de Mathey, quelques ouvrages qui n'eurent alors qu'un succès d'estime.

Il alla, comme il put, tenter la fortune à Buenos-Ayres, où il trouva encore la misère.

Il était sans doute écrit qu'il ne serait heureux qu'en France. Revenu à Paris après l'amnistie, il reprit le nom de Mathey, qui est celui de sa femme, et publia des romans très remarqués, grâce auxquels l'ancienne misère est à jamais éteinte.

Arthur Arnould est l'un des héros du *Bachelier* de son ami Jules Vallès.

Il a longtemps vécu à Paris avec un vieux camarade d'exil qu'il adorait, un singe nommé Niño qu'il avait acheté à Buenos-Ayres, et qui, par reconnaissance peut-être, raffolait des blondes.

Niño est mort, il y a deux ans. Arnould ne s'en consolera jamais.

Il m'a été donné de voir un jour le noble castillan Emmanuel Gonzalès, président honoraire de la Société des Gens de Lettres, dans tout l'éclat de sa fierté ultra-pyrénéenne.

Ce jour-là, l'ancien communard avait daigné accepter du conservateur Gonzalès une invitation à dîner.

Dans sa jeunesse, Arthur Arnould, qui était grand admirateur de Béranger, publia un intéressant volume sur le chantre de *Lisette*.

On le compte aujourd'hui parmi nos meilleurs romanciers. Ce succès ne lui suffit pas. De temps en temps, Arnould aborde le théâtre. Il a eu, en octobre 84, un succès littéraire à l'Odéon, avec *le Mari*. La Commune est bien loin!

AVRIAL

C'était, avant la guerre, un excellent mécanicien.

Grisé par la politique, à la fin de l'Empire, il devint membre de l'*Internationale*, se signala dans les clubs et mérita ainsi d'être élu membre de la Commune par le XI° arrondissement. Il s'évada de Paris à l'approche de l'armée et ne fut condamné que par contumace. Il resta jusqu'à l'amnistie à Mulhouse.

Inventeur par tempérament, il est de ces hommes qui pourraient prendre un brevet par jour.

Avrial est présentement le grand fournisseur d'une fabrique de machines à coudre.

Entre temps, il envoie des articles à l'*Éclaireur*, des Pyrénées-Orientales.

Il surveille donc toujours la machine.

BERGERET

On l'a dit mort. D'aucuns affirment que cet ancien garçon d'écurie qui devint, grâce à sa seule intelligence, ouvrier typographe, chef de claque, puis correcteur d'imprimerie, enfin, commis en librairie, et qui, propagateur de l'Internationale, fut improvisé chef de légion par la Commune dont il était membre, est au contraire parfaitement vivant. Il n'aurait d'ailleurs que quarante-cinq ans.

D'après ce qu'on prétend, il se serait retiré en Amérique. La multiplicité de ses fonctions, avant qu'il eût joué un rôle politique, permet de croire qu'il a su se créer là-bas une situation indépendante.

Espérons qu'il est *lui-même* assez heureux pour n'avoir plus maintenant envie de jouer un rôle quelconque dans un mouvement insurrectionnel.

BRELAY

Nommé membre de la Commune le 26 mars 1871, il démissionna dès les premières réunions.

Il est actuellement député du IIe arrondissement de Paris. Voilà même deux fois que ce collège le nomme. Ses électeurs, généralement à l'aise, ne le jugent donc pas bien dangereux. L'a-t-il jamais été ?

LOUIS CHALAIN

Trente-neuf ans. Il était en 1869 ouvrier tourneur en cuivre. Il gagnait sa vie alors. L'Internationale en a fait un déclassé.

Mis en évidence à la fin de l'Empire par un complot qui lui valut deux mois de prison, il fut nommé, aux élections de novembre 70, adjoint au maire de Grenelle.

Chef de bataillon dans la garde nationale, il fut, après le 18 mars, élu membre de la Commune. Il s'échappa en mai, se retira en Autriche où il reprit son métier d'ouvrier.

Rentré à Paris après l'amnistie, il espéra sans doute se remettre à la tête du parti. Ses camarades, on ne sait au juste pourquoi, lui témoignèrent de la froideur. Chalain essaya alors de faire du journalisme. Sa carte porte au dessous de son nom :

Publiciste

Rédacteur au journal le Moniteur des syndicats ouvriers

Marié et père de famille, il vit maigrement à Ivry-sur-Seine. La gêne pourrait l'exciter à jouer un rôle dans un mouvement anarchiste. Une bonne place en ferait un politicien en retraite.

GLÉMENCE

Ce représentant du IVe arrondissement à la Commune de Paris a trouvé sans doute des grâces à l'exil. Réfugié en Suisse, il y est resté.

On ne sait qu'il est fidèle à ses opinions que parce qu'il est membre de la Fédération Jurassienne.

J.-B. CLÉMENT

Quand il reviendra, le temps des cerises,
Et gais rossignols et merle moqueur
    Seront tous en fête.
Les belles auront la folie en tête
Et les amoureux du soleil au cœur.
Quand il reviendra, le temps des cerises,
Sifflera bien mieux le merle moqueur.

Qui n'a entendu cette adorable chanson que Renard rendit célèbre et que les musiciens des rues ont promenée dans tout Paris ?

Elle seule suffit à amnistier son auteur.

Jean-Baptiste Clément est né à Boulogne-sur-Seine en 1837. Il n'a donc aujourd'hui que quarante-huit ans.

Entré en apprentissage à l'âge de douze ans, il fut jusqu'à la dix-neuvième année garnisseur en cuivre. Est-ce parce qu'il chantait à l'atelier qu'il se fit chansonnier? Ses couplets, que Darcier aimait à interpréter, eurent un succès assez vif.

> Mais il est bien court, le temps des cerises,
> Où l'on s'en va, deux, cueillir en rêvant
> Des pendants d'oreilles,
> Cerises d'amour, aux roses pareilles,
> Tombant sous la feuille en gouttes de sang.
> Mais il est bien court, le temps des cerises
> Pendants de corail qu'on cueille en rêvant.

Des méchants, il y en a toujours, ont fait observer qu'ici le mot *cerises* n'a pas de rime. La belle faute! Barbey d'Aurevilly féliciterait Clément de l'avoir commise. Jusqu'à la fin de l'Empire, l'ancien garnisseur en cuivre ne fut que chansonnier; mais en 69, les élections enflammèrent tout Paris! Rochefort poussait à la démolition de l'Empire; Clément prit un *pavé* et écrivit dans le journal ayant ce titre.

En janvier 70, il entra à la *Réforme* et y gagna... un an de prison. Rendu à la liberté par la révolution du 4 septembre, il redevint journaliste, prêcha la guerre à outrance, attaqua le gouvernement de Paris. Il était en même temps garde-national et clubiste.

Il en fallait moins pour être nommé membre de la Commune.

> Quand vous en serez au temps des cerises,
> Si vous avez peur des chagrins d'amour,
>   Évitez les belles.
> Moi, qui ne crains pas les peines cruelles,
> Je ne vivrai point sans souffrir un jour.
> Quand vous en serez au temps des cerises,
> Vous aurez aussi vos chagrins d'amour.

Après les journées de mai, J.-B. Clément fut arrêté et condamné à la déportation dans une enceinte fortifiée.

L'amnistie lui permit de revenir à Montmartre, son berceau politique. C'est en effet le XVIII° arrondissement qui l'a nommé membre de la Commune.

Presque tous les soirs, on le voit jouer au jacquet et boire un verre de menthe dans un petit café de la rue Lepic. Les jours où il n'y est pas, il figure parmi les orateurs de quelque réunion importante. Aux dernières élections municipales, il patronnait son ami Joffrin.

> J'aimerai toujours le temps des cerises !...
> C'est de ce temps-là que je porte au cœur
>   Une plaie ouverte !...
> Et dame Fortune, en m'étant offerte,
> Ne saurait jamais fermer ma douleur...
> J'aimerai toujours le temps des cerises
> Et le souvenir que j'en garde au cœur...

N. B. — Cette délicieuse chanson a rapporté à son éditeur une trentaine de mille francs et à son auteur... un mac-farlane.

CLUSERET

Fils d'un colonel d'infanterie, enfant de troupe dans le régiment de son père, entré à Saint-Cyr en 1841, lieutenant en 48, se battant alors contre les insurgés, ce qui lui valut, quelques jours après la répression de l'insurrection, le ruban de la Légion d'honneur, capitaine en 55, blessé en Crimée, Cluseret avait devant lui le plus bel avenir militaire. Il quitta l'armée en 56 et entra comme régisseur dans une des fermes de M. de Carayon-Latour. Cette position ne le satisfaisant pas, il partit pour l'Amérique où il se lança dans la finance. Il n'y réussit point et se livra à mille aventures.

Après s'être battu dans les Deux-Siciles sous les ordres de Garibaldi, il vint à New-York entreprendre dans le journalisme une campagne contre le général Grant; puis, après l'élection de ce dernier, se retira en Irlande où il prit part au mouvement fénian. Arrêté par la police anglaise, il fit quelques mois de prison et rentra en France où nous le trouvons, en 68, l'un des principaux rédacteurs du journal l'*Art*, fondé avec l'argent de la maison de Rothschild. Condamné à la prison pour quelques-uns de ses articles, il en sortit socialiste enragé, mais peut-être intermittent, car ses amis eux-mêmes l'ont à deux reprises accusé de les avoir trahis.

Membre de la Commune, il fut, par l'ordre de ses collègues, incarcéré le 1er mai à Mazas, où cependant l'armée régulière ne le trouva plus. Il s'était sauvé en Angleterre. Condamné à mort par contumace, il se réfugia en Amérique où il est encore. Il y fait de la peinture qu'il vend sans peine, paraît-il.

Tout indique qu'au premier mouvement il reviendrait en France où ceux-mêmes qui l'ont improvisé général pendant la Commune l'acclameraient comme tel.

FRÉDÉRIC COURNET

Quarante-six ans. Actif. Journaliste de talent. Socialiste convaincu. Lutteur énergique.

Il est le fils du lieutenant de vaisseau qui, dans les fameuses journées de juin 48, commandait en grand uniforme, — pantalon blanc et bottes vernies, — la barricade de la place de la Bastille.

Une autre barricade fut célèbre. Je veux parler de celle qui couvrait le faubourg du Temple et que commandait Barthélemy.

On se fâche, même entre insurgés, même entre exilés. A Londres, Cournet fut tué en duel par Barthélemy...

Frédéric Cournet est digne de son père.

La politique révolutionnaire peut tout attendre de lui.

DEREURE

Ancien adjoint de Montmartre, Dereure, dès le 18 mars, se rallia au mouvement insurrectionnel et se sépara de Clémenceau.

Il fut nommé membre de la Commune par le XVIIIe arrondissement.

Après le 24 mai, il se réfugia en Amérique, à la colonie Icarienne.

L'amnistie lui rouvrit les portes de Paris, où il est devenu un des prêtres les plus actifs du nouveau culte : le Collectivisme. On le rencontre dans les principales réunions publiques.

Pour que Dereure marche, Jules Guesde, le chef d'une importante fraction du parti ouvrier, n'a qu'à faire un signe !

Dereure est donc resté loup.

C'est un collectiviste révolutionnaire. A ce titre, il est ennemi du possibiliste Joffrin.

EUDES

Le général Eudes, comme on dit dans son parti, est un grand diable à la mine farouche, à la voix tonitruante qui, depuis l'amnistie, n'a perdu aucune occasion d'affirmer la fidélité de ses croyances.

Ancien président du Comité révolutionnaire central, il préside aujourd'hui toutes les réunions importantes.

Son héros est Blanqui. Son héroïne Louise Michel.

Il est, dans le parti extrême, aussi terrible et non moins aimé qu'eux.

Le dimanche, 16 octobre 81, il triomphait, le général Eudes. Il présidait le premier *meeting* qui ait eu lieu à Paris. Jusqu'à cette date, on ne connaissait encore que les *réunions*.

Il y a peut-être des gens qui frémiront; il y en a qui riront. Je crois que ce qu'il y a de mieux à faire pour rassurer les uns et pour contraindre les autres à réfléchir, c'est de donner le procès-verbal exact et minutieux de ce premier meeting, père de tous les autres.

Lieu du baptême : Le Tivoli Vaux-Hall, rue de la Douane.

Autel : L'orchestre des musiciens, avec trois tables garnies de tapis verts, une immense sonnette et trois verres d'eau seulement pour quinze orateurs. Pas de sucre. Le sucre est trop bourgeois.

Principaux officiants : Le citoyen Eudes, nommé président à l'unanimité, moins quatre voix. Les citoyens Granger, Digeon et Franklin, assesseurs.

Fidèles : Un orateur dira tout à l'heure qu'il y en a quatre mille. Mettons trois mille cinq.

Décoration de l'église : De nombreux drapeaux ou oriflammes rouges portant, tous, ce nom : A. BLANQUI.

A deux heures précises, heure indiquée pour

le commencement de la cérémonie, la chaire est encore muette. Le peuple trépigne et crie sur l'air des Lampions : Le-bu-reau ! Le-bu-reau ! On obtempère à ses ordres.

M. Marcus Allard demande la parole.

— Il y a quinze orateurs inscrits, répond le général Eudes. Vous passerez le seizième. Citoyens, ajoute-t-il d'une voix formidable, avant d'ouvrir cette solennité, je vous recommanderai le calme qui lui est indispensable. Nous avons à juger Gambetta et son *grand* ministère ! Malgré toute la colère qu'il y a dans votre esprit, que vos résolutions aillent froidement et droit à la face de ceux qui ont trahi la République. (Applaudissements frénétiques). Je commencerai par vous lire les adhésions des absents.

Là-dessus le général, toujours de sa même voix qui couvrirait le bruit de la grosse caisse, lit les messages des citoyens de Grenoble, de Marseille, de Vierzon, de Reims, de Nice, de Lyon, de Narbonne, etc., dans l'un desquels je relève ces mots : « M. *Ferry-Famine*, qui après avoir affamé les Parisiens en 70, les a fait fusiller en 71, veut maintenant les ruiner. »

Une seconde fois, M. Marius Allard demande la parole... pour une motion d'ordre, dit-il.

— En ma qualité de président, s'écrie le citoyen Eudes, je suis juge d'établir s'il y a lieu à une motion d'ordre. Je vous refuse la parole.

— Si c'est ainsi que vous comprenez la liberté... balbutie M. Marcus Allard.

— A la porte! à la porte!

On l'expulse.

Le citoyen Coullé, premier orateur inscrit, a la parole. Discours vide où il déclare seulement que M. Gambetta a fait sa première éducation politique sous l'Empire, que jamais on n'échappe à l'influence du premier âge et que, de la sorte, il est gangrené, pourri...

— Oui, oui! A bas Gambetta!

Après dix minutes de palinodies, le lever de rideau est joué.

C'est le docteur Castelnau qui va commencer la grande pièce en entrant à pieds joints dans le sujet du meeting : *A qui incombe la responsabilité de la guerre tunisienne?* En ce temps-là, on ne connaissait pas encore le Tonkin.

Il est très regardé, le citoyen Castelnau. C'est son nez qui en est cause ou plutôt la place de son nez, car il a eu, je ne sais où, l'appendice nasal coupé net. C'est moins laid qu'on ne croirait. Puis cela permet à ses amis politiques eux-mêmes de

2

faire des mots dans le goût de celui-ci : « *Néanmoins*, il parle bien. »

— Les apôtres de l'Evangile selon saint Léon, dit-il, raconteront que nous sommes ici quelques douzaines d'esclaves ivres et de souteneurs de filles. Comptons-nous. Nous sommes quatre mille. Quand un pays est conduit par un *idiot* comme celui qui nous préside ; quand il a vu un autre citoyen surgir, pauvre, de la foule et avoir, après dix années, les poches pleines d'or et de la graisse à en revendre à tous les charcutiers de Paris, des réunions comme celles-ci sont rigoureusement nécessaires ! (Cela, dit avec un accent méridional qui soulève naturellement une tempête de bravos.) Il y a tous les jours dans les cités des brigands qu'on arrête. En matière financière, on les appelle un *syndicat*. Après avoir acheté à bas prix des actions tunisiennes, ces brigands ont eu l'idée, profitable pour eux seuls, de les faire remonter. Mais il ne s'agit pas de mots. Il faut des preuves. Les voici.

Suit un long défilé de preuves qui fatiguent visiblement l'assistance.

— Assez, crient quelques-uns.
— Citoyens, s'écrie Eudes, des opportunistes se sont glissés dans la salle et voudraient faire taire l'orateur. Je ferai remarquer qu'on nous a accusés de parler sans preuves. Il ne faut pas que le jour où nous en apportons, on crie : Assez !

Le citoyen Castelnau reprend la parole et dit même une chose assez jolie. Il lit le premier article du traité voté par la Chambre, en mai dernier. « La République française s'oblige à porter appui au bey *et à sa dynastie.* » Ainsi, *exclame-t-il*, les valets de Gambetta lui ont obéi de telle sorte que si la Tunisie voulait se mettre en République, nous serions forcés, nous, d'aller défendre contre nos frères la dynastie du bey !

Ici un incident : M. Catelle demande et obtient la parole, pour répondre à l'orateur. Par malheur, il parle mal. Il n'est pas du tout de l'avis du bureau. Il croit que dans la salle il y a un assez grand nombre de citoyens qui sont de son avis. Il les adjure de lever le bras. On le conspue.

— Ne croyez pas que vous faites là un meeting, parvient-il à dire. J'ai vécu dix ans en Angleterre. A Londres, il y a toujours place pour les opinions contradictoires... (Assez, assez. A la porte !) Vous aurez bien de la peine à vous accoutumer aux mœurs de la liberté !...

Cinq minutes après, il respirait dans la rue l'air pur de la liberté.

Le citoyen Digeon gagne la barre. C'est lui qui va formuler les résolutions de l'assemblée.

— Nous avons, dit-il, à juger l'ami de Laurier, le complice de Ferrand, l'homme qui a toujours favorisé les bénéfices des fournisseurs contre l'intérêt de l'État, l'homme pour qui nos frères meurent en Tunisie. Cet homme peut-il être atteint légalement? On dit qu'il n'y a pas dans la Constitution un seul article pouvant le rendre responsable. Nous avons le Code pénal! (Oui, qu'on le juge! Non, au gibet tout de suite!) Quant à moi, voici les résolutions que je vous soumets et que je vais déposer sur le bureau :

1° Ouverture du droit d'insurrection pour le cas où la Chambre, dès sa rentrée, ne décrèterait pas la mise en accusation du ministère ;

2° La mise hors la loi de Gambetta et des ministres, comme on a fait, en 1851, vis-à-vis de Bonaparte et de ses sectaires ;

3° L'attribution, au bureau du présent meeting, du pouvoir nécessaire à l'accomplissement de ce qu'il jugera utile.

Bravos, tapage. — A mort, Gambetta! — Vive la Commune!

Le citoyen Digeon dépose ses résolutions sur le bureau et Louise Michel se lève. Elle est, selon son habitude, tout de noir vêtue et étend comme une prophétesse les deux bras. Elle dit solennellement :

— Je salue le peuple qui met en accusation les prévaricateurs, les meurtriers et les traîtres, qui agiotent sur des crimes. Pour que Gambetta ne soit pas encore au bagne...

— Il ira ! s'écrie une voix ferme.
Ce mot soulève une tempête.
— Non, non ! Il faut sa mort. Vive Louise Michel ! Vive la Révolution sociale !

— Il nous a menacés, reprend-elle, de venir nous chercher dans nos repaires. Qu'il y vienne, suivi de son Galliffet et de ses sbires ! Le lion populaire aura plaisir dans son antre à déchirer ce serpent. Si pourtant nous sommes vaincus, si de nouveau la force nous tue, tant mieux ! Pour un fils du peuple massacré, dix se soulèveront. Tant mieux aussi, la guerre tunisienne ! Elle est le ruisseau de sang qui fait déborder le fleuve. Quant à vous, ne prenez pas le fusil, contentez-vous de saisir la pelle et le balai. Nous n'avons pas besoin de nous faire soldats. Les soldats sont pour nous. Il n'avait pas prévu cela, le misérable ! Quand vos fils reviendront de Tunisie, Galliffet, levant son grand sabre encore rouge du sang de 1871, aura beau leur dire de tirer sur nous, c'est sur lui qu'ils tireront.

— Vive Louise ! A mort Gambetta !

Elle conclut en appuyant énergiquement les conclusions du citoyen Digeon, que d'autres comparses viennent également soutenir. Le public est frémissant. Le général Eudes est pressé de faire voter. Les impatients commencent à murmurer. Plus de mille personnes, fatiguées d'être debout depuis trois heures, se dirigent vers la sortie. Eudes les retient à grand'peine.

Enfin on vote, ou plutôt on acclame les fameuses propositions du citoyen Digeon.

Deux cents gardiens de la paix étaient dans le bâtiment d'en face, prêts à faire irruption en cas de trouble. Mais Eudes s'écrie : « Du calme, citoyens, l'heure n'est pas venue, » et la sortie s'effectue sans tapage. La police n'a pas eu à se manifester.

Il a suffi de trois années pour que petit meeting fût devenu grand.

Souvenez-vous des dernières réunions de la salle Lévis.

Telle doit être la moralité du premier meeting relativement calme créé et mis au monde par le général Eudes.

ÉMILE FERRY

Comment cet homme si doux, si charmant qui, aujourd'hui maire du IXe arrondissement, a, quoique républicain, l'estime *générale* de son quartier, a-t-il pu être membre de la Commune ?

Il ne faut sans doute considérer ses actes ambitieux de 71 que comme des péchés de jeunesse, maintenant réparés.

On lui doit, rue Drouot, la création d'une bibliothèque populaire que son dévoûment alimente et qui a de nombreux habitués.

GAMBON

L'homme à la vache.

Qui sait encore, dans le parti conservateur, que Gambon a été magistrat et même représentant du peuple en 1848 ?

On l'appelle toujours l'homme à la vache.

D'aucuns doivent le prendre pour un toucheur de bœufs ou pour un éleveur.

Sous l'empire, Gambon se refusa à payer l'impôt. Le percepteur le poursuivit. Pour récupérer ses impositions, le fisc fit saisir une vache que le débiteur avait sur ses terres et ordonna la vente.

Si la chose eut du retentissement, on s'en doute. La vente n'alla pas toute seule. Jugez-en.

Le commissaire-priseur est là. Les anciens électeurs du représentant de la Nièvre se pressent autour de lui d'un air narquois. Le commissaire-priseur met la vache aux enchères. Gambon s'élance :

— Cette vache, s'écrie-t-il, m'a été volée par le fisc impérial. Quiconque l'achètera sera un voleur!

— Oui, oui! répondent les électeurs.

Le commissaire-priseur est forcé de remettre la vente.

Il se rend huit jours après, avec la vache, dans une commune voisine où même scène se passe, la semaine suivante dans une troisième commune et ainsi de suite.

Il dut, pour opérer la vente, aller dans un autre département. On en rit encore dans la Nièvre.

Par tout son passé, par sa protestation contre l'impôt, Gambon méritait d'être et fut membre de la Commune où l'envoya le Xe arrondissement. Échappé de Paris, condamné par contumace et réfugié en Suisse, il s'est longtemps contenté de vivre d'une petite rente patrimoniale.

Depuis, la politique l'a repris. Il est aujourd'hui député de la Nièvre.

L'homme à la vache s'est signalé pendant le Congrès de 1884. Après avoir énergiquement flétri le gouvernement, il a démissionné.

Démission purement platonique...

Pas bête, l'ancien magistrat!

Gambon est âgé de soixante-cinq ans qu'il porte très gaillardement. Sa belle maturité ferait honte, même auprès des femmes, à nos crevés modernes.

LE DOCTEUR GOUPIL

Sa conduite pendant le siège comme administrateur du VIe arrondissement et comme commandant du 115ᵉ bataillon de la garde nationale, le désigna aux électeurs qui le nommèrent membre de la Commune.

Il se fit arrêter le 31 octobre, mais eut l'esprit de se sauver de prison.

Son évasion est même assez amusante.

Goupil était à la Santé. Une de ses anciennes clientes fit demander au ministre de l'Intérieur de vouloir bien le laisser venir auprès de son lit de malade. Le directeur, sur l'autorisation du préfet de police, remit le condamné entre les mains de deux agents de la sûreté et l'envoya à l'adresse indiquée.

Après avoir examiné sa cliente :

— Une opération est nécessaire, dit le docteur, mais je ne puis la tenter sans les instruments dont j'ai l'habitude de me servir. Si ces messieurs voulaient avoir la bonté de m'accompagner chez moi...

Les agents consentirent ; on se dirigea vers la rue de Rennes où habitait la femme du condamné. L'appartement avait deux portes : l'une sur le grand escalier, l'autre sur l'escalier de service.

Dès que les trois hommes furent entrés par la première, madame Goupil ferma celle-ci à clef.

Elle invita les agents à prendre quelque chose pendant que le docteur chercherait ses instruments. Ils n'avaient pas fini de boire que le prisonnier se sauvait par l'escalier de service en fermant également la seconde porte à clef. On juge du désappointement des agents quand, après une longue attente, ils constatèrent la disparition du docteur. L'un d'eux, un solide gaillard, s'évanouit du coup comme une femme. Après qu'il fut revenu à lui, il dut aider son compagnon à enfoncer la porte de service.

Aussitôt d'autres agents furent apostés autour de la maison. Ils espéraient voir sortir madame Goupil, la suivre et apprendre ainsi où était son mari.

Vain espoir. Depuis longtemps, madame Goupil avait acheté des habits d'homme et s'était habituée à les porter. Elle se coupa les cheveux et se rendit méconnaissable. Elle passa, inaperçue, à côté des agents, et put, jusqu'au 18 Mars, rester cachée avec son mari.

Après la Commune, le docteur se retira à Marlotte. Dénoncé comme communard, il vit un jour deux gendarmes se présenter chez lui.

— Vous êtes fous, leur dit-il. Vous ne save

donc pas qui vous voulez arrêter? Je suis membre du gouvernement.

Et il montra aux naïfs gendarmes, qui restèrent ébaubis, ses papiers de membre de la Commune, maculés de cachets bleus.

— Ah! pardon, faites excuse! répliquèrent-ils tout honteux.

Et ils se retirèrent. Le soir même, le docteur quittait Marlotte, mais, revenu six mois après à Paris, il fut rencontré par des agents plus experts, arrêté et condamné à cinq ans de prison. Gracié après deux ans et demi, il ouvrit à Paris, rue de Rivoli, un cabinet médical.

On affirme que ce cabinet, qui est précédé de trois beaux salons, lui rapporte plus de soixante mille francs par an.

Sous le titre de : *Ligue de l'intérêt public*, il a fondé, avec le patronage de Victor Hugo et de Louis Blanc, une société protectrice des citoyens contre les abus de toutes sortes. Cette société nous fait tout l'air d'être une franc-maçonnerie pratique, liant ses membres par des intérêts immédiats et quotidiens. Il se peut qu'un jour prochain, le gouvernement y voie une menace contre lui.

Le docteur Goupil est poète à ses heures. Il a

publié dans sa jeunesse sous le pseudonyme de Jacques Brasdor deux volumes de poésies. Depuis il a fait quelques chansons, entre autres un rondeau, *La Cage aux Parisiens*, que ses amis le prient de chanter, entre le café et la chartreuse, quand ils dînent chez lui, ce qui arrive assez souvent, le docteur étant très hospitalier, surtout pour ses anciens camarades d'exil.

Ce rondeau a le double mérite d'être inédit et d'entrer absolument dans le cadre de notre sujet, puisqu'il y est question de plusieurs *survivants de la Commune* :

LA CAGE AUX PARISIENS

Présentons en quelques couplets
Les captifs qu'assembla l'orage.
Tenez, voyez-les dans leur cage,
Les voici tous, les oiselets !

Malicieux pince-sans-rire,
Cachant de l'esprit plein son sac,
Sachant mordre avec un sourire,
Ce fin roitelet, c'est Brissac !

Le cœur d'amour épanoui,
Prêt à gracier Thiers lui-même,
Voici le modéré Géresme,
Voici l'apôtre de l'oubli !

L'histoire émue a pris ses notes,
Et nous ne pourrons oublier
L'homme aux mirobolantes bottes,
Le trop peu vacciné Gaudier !

Toujours prudent, posé, discret,
Lentement s'explique Lagarde ;
A parler prompt s'il se hasarde,
Il dit : Un pain... Un vin... Un lait !...

Ce jeune coq toujours en rage,
Qui s'en va quêtant un refrain,
Et trouve une scène au passage,
Est-ce Sardou ? non, c'est Guérin !

Sous ces barreaux l'empire mort
A mis celui qui, pour l'empire,
Fut l'oiseau moqueur, dont le rire
Mène aux abîmes : Rochefort !

Et là-bas notre grand Fracasse,
Bombe vivante, obus humain,
Qui fond, bondit, éclate et casse,
Ce fulminate, c'est Séguin !

Cornac d'un pot monumental,
Déterreur de Tite et de Pline,
Cet autre a découvert... la Chine,
Et pris un brevet : c'est Marchal !

Ce sombre faiseur de cascades
A fait naître, nouvel Haussmann,

Une ville... de barricades
Au Panthéon : c'est ALLEMANN !

« Quels bons ratas il nous servait !
Dirons-nous aux mangeurs profanes,
Quand vers la cuisine aux gourganes
Ira notre vieux JOLIVET ! »

Celui-ci montre, dès qu'il entre,
Qu'il est bourgeois, fils de bourgeois.
Vous en doutez ? Voyez ce ventre.
Ce ventre immense a nom BARROIS !

Ce docteur qui prend son babil
Sans doute pour de l'éloquence,
C'est,— ô grandeur et décadence ! —
C'est Son Excellence GOUPIL !

Fils de Bobèche et de Bellone,
Celui-ci paraît, on a ri !
Est-ce Mélingue, est-ce LISBONNE ?
C'est l'échappé de Satory !

Cet autre, cherchant au hasard
Un point d'appui vaille que vaille,
C'est le tricolore BUDAILLE
Dévot, Favriste et communard !

Pleurant encor le beau domaine,
D'où Thiers le délogea trop tôt,
Voici notre docte FONTAINE,
Un forçat des plus comme il faut !

On vous a banni, cher Reclus,
Mais le monde est votre patrie.
Vous vous plaisez en Italie :
Nous, nous vous préférions réclus !

Paris qui de tout s'émerveille,
Paris te verra-t-il bientôt,
Ton fier bonnet vert sur l'oreille,
Et ta chaîne au pied, Maroteau ?

Non, tu ne verras plus Paris,
O poète à l'âme sereine !
C'est la mort qui brisa ta chaîne.
Dors en paix sous les niaoulis !

Dors ! la justice populaire
Saura faire à ce bonnet vert,
Un jour, une revanche altière,
En acclamant Trinquet, Humbert !

Nous avons vu, dans ces couplets,
Les captifs qu'assembla l'orage.
Enfin s'est ouverte la cage,
Pour tous ces tristes oiselets !

Enfin vers la forêt aimée,
Où sont suspendus tous leurs nids,
Ils ont pu prendre leur volée :
Ils ont revu leur cher Paris !

PASCHAL GROUSSET

L'ancien délégué de la Commune qui, déporté à la Nouvelle-Calédonie, eut le bonheur de pouvoir s'évader avec Rochefort dans la nuit du 19 au 20 mars 1874, s'est tout d'abord fixé à Londres.

Professeur de français, il y était très couru, très à la mode. Dans les premiers temps, il écrivait aussi dans les journaux anglais.

Cousin de M. Hébrard, il publie aujourd'hui dans le *Temps*, sous le pseudonyme de Philipp d'Aryl, des romans et des études consacrées à la vie et à la littérature anglaises.

Il ne semble plus s'occuper de politique.

Revenu à Paris, il n'est pas de ceux qui le troublent.

JOURDE

Quarante ans au plus.

Grande barbe rouge.

Ancien employé à la Banque de France, il a pu apporter à la Commune une parfaite connaissance des questions financières.

Pendant toute la durée du gouvernement de la couleur de sa barbe, il s'est montré excellent comptable. Il peut même se vanter d'avoir sauvé la Banque.

Grisé depuis qu'on a dit et répété qu'il est un grand financier, il ne parle plus autrement qu'en mettant la main dans son gilet et en disant : *Nous autres, administrateurs...*

Les électeurs, qui généralement d'ailleurs se montrent peu reconnaissants, se sont refusés à l'envoyer soit au conseil municipal, soit à la Chambre. Il a été blackboulé, d'abord au quartier Saint-Ambroise de Paris, puis à Lyon.

Ils prétendent qu'au fond, Jourde n'est qu'un bourgeois. Ils le considèrent comme un réactionnaire de l'avenir, comme le Léon Say de l'an 1900.

Jourde a fondé, il y a trois ans, un journal qui n'a eu que quelques numéros, *la Convention Nationale*.

LEFRANÇAIS

Un fidèle qui, ayant longtemps habité Genève, est resté membre très actif de la Fédération jurassienne de l'Internationale.

A son retour à Paris, il a commencé par être caissier dans une maison de poudrette. Il végète aujourd'hui on ne sait où.

On le rencontre parfois dans les réunions. Il y parle assez longuement et très bien.

C'est un homme de valeur, mais qui est resté hors classe. Ses anciens amis disent que l'insuccès l'a rendu fielleux.

BENOIT MALON

Nommé membre de la Commune par le XVII° arrondissement, Malon est resté l'un des principaux chefs du parti révolutionnaire. Alphonse

Humbert le considère même comme la forte tête de ce parti.

C'est un des rares qui savent ce qu'ils veulent et pourquoi ils veulent.

Aujourd'hui rédacteur de l'*Intransigeant*, il est vénéré par les blanquistes qui ne suivront peut-être pas toujours ses conseils, mais qui lui en demanderont toujours.

MARMOTTAN

Le docteur Marmottan, nommé membre de la Commune à la fin de mars, a démissionné au commencement d'avril.

Aussi a-t-il toujours été considéré comme un tiède.

Élu en 1877 député du XVIe arrondissement, il s'est représenté, en 1881, dans le même arrondissement.

— Déplorable quartier ! disaient les intransigeants, qui ont été d'avis de le lui laisser.

— Il ne vaut pas cher, ajoutaient-ils en parlant du docteur, mais il n'y aurait guère moyen d'en faire passer un autre.

Cet homme a la rage de démissionner. Il résilia donc son mandat. On sait qu'il a été remplacé à la Chambre en 1883, par M. Louis Calla, conservateur.

Depuis, il a même, dit-on, démissionné comme médecin.

Une prochaine Commune le trouverait rouge... contre elle.

LÉO MEILLET

Encore un qui doit le bonheur à l'exil !

Condamné par contumace comme ancien membre de la Commune (XIII° arrondissement), il s'installa à Glascow, où il fonda un pensionnat.

L'établissement de l'exilé devint vite à la mode et fit florès. Léo Meillet donne le pain du corps et de l'esprit, — peut-être celui de l'âme aussi... *Proh pudor !* — aux enfants des plus grandes familles d'Écosse. On peut être tranquille, ce n'est jamais lui qui ressuscitera la Commune à Paris.

Léo Meillet fut sous l'empire un des premiers organisateurs des enterrements civils.

En 70, le jour même de l'Ascension, il suivait le cercueil d'un cordonnier qui avait demandé, paraît-il, à être enterré civilement. La veuve était d'avis que l'on devait se conformer aux dernières volontés du défunt, mais les autres membres de la famille voulurent faire passer le corps par l'église.

On se rendit à la chapelle Bréa.

Au moment où le prêtre venait à la porte pour recevoir le corps, les libres-penseurs qui avaient suivi le convoi en compagnie de Léo Meillet entourèrent le cercueil et refusèrent froidement, mais énergiquement, de lui livrer passage.

Le prêtre, qui était resté sur le pas de la porte, eut la douleur de voir le cercueil conduit directement au cimetière.

Là, un cri retentit... un cri alors séditieux, celui de *Vive la République !* Les agents accoururent. L'un d'eux assura qu'il avait été proféré par Léo Meillet qui, par hasard, en était innocent.

Voilà notre futur membre de la Commune arrêté, puis traduit en police correctionnelle.

Parmi les libres-penseurs s'était trouvé Lucipia, que Meillet appela en témoignage.

M. Aulois occupait les fonctions du ministère public.

Lucipia témoigne du silence de son ami.

Le président prend la parole :

— Je vous prierai, messieurs, dit-il aux juges, de remarquer que le témoin fait profession d'athéisme, ce qui donne peu de valeur à son témoignage.

A ces mots, Léo Meillet se lève et se tournant vers Lucipia :

— Ami, s'écrie-t-il emphatiquement, je te demande pardon de t'avoir amené devant de telles gens qui doutent de ta parole !

Et il lui tend les bras.

Moralité :

Un quart d'heure après, Meillet était condamné à six mois de prison.

MÉLINE

Cet ancien membre de la Commune, qui y représentait en mars 71 le Ier arrondissement, eut le bon goût de démissionner dès le commencement d'avril.

Les électeurs ont récompensé sa prudence en le nommant député des Vosges. Il fut même sous-secrétaire d'État au ministère de la Justice, sous le ministère Martel. Il est aujourd'hui ministre de l'Agriculture. C'est lui qui représente le gouvernement dans les cérémonies peu importantes.

Encore un qui n'est pas à craindre, — excepté comme orateur.

PORILLE

Il s'était si bien signalé dans les réunions publiques qui suivirent l'armistice, qu'il se crut en droit de se présenter aux élections communales.

A peine siégea-t-il à l'Hôtel-de-Ville. On apprit bientôt qu'il ne s'appelait pas Porille, mais Blanchet et qu'il avait été, sous ce nom, capucin, puis secrétaire d'un commissaire de police.

Il n'en fallait pas davantage pour qu'on le qualifiât de mouchard et qu'on le traitât comme tel. Il fut arrêté par la Commune même et délivré par l'armée Versaillaise.

Nul ne sait aujourd'hui ce qu'il est devenu. Nous l'apprendrons peut-être... le jour du grand coup.

EUGÈNE PROTOT

Fils de paysans pauvres, Protot était un enfant prodige. Il apprit le latin tout seul en gardant les vaches dans le pré communal de Carisey (Yonne). Émerveillé, son père l'envoya à Paris chez une parente qui faisait des ménages et qui le logea pendant qu'il suivait les cours de l'École de Droit. Le plus brillant avenir lui était réservé. Par malheur, il se jeta dans la politique... qui le contraignit, après la Commune, à fuir à Londres, où il se mit bravement garçon de cave. Il fallait bien vivre.

Cet ancien membre de la Commune eut des déboires quand, après l'amnistie, il voulut reprendre son métier d'avocat. On le fit rayer du tableau de l'ordre. Depuis, il a été tout à coup exhumé de l'ombre où il s'était retiré pour être porté aux élections municipales par la gauche du parti intransigeant.

Belleville lui a préféré un ouvrier quelconque. Cet échec humiliant l'a fait rentrer dans le silence.

Il donne aujourd'hui des conseils aux plaideurs dans l'embarras.

FÉLIX PYAT

Oui, communard. Oui, athée. Oui, blanquiste. Mais il faut bien reconnaître que Félix Pyat est, comme journaliste, un virtuose incomparable, comme dramaturge un metteur en scène puissant.

En politique, il a des théories encombrantes qui n'offrent aucun danger. Il n'a même pas pu réussir, au printemps de 1884, à être nommé conseiller municipal par le quartier du Père-Lachaise.

Au théâtre, après avoir été un glorieux, c'est un vaincu. Voilà huit ans qu'il cherche à faire reprendre sur une grande scène le *Chiffonnier de Paris*. Il a dû se résoudre dernièrement à publier la réédition de ce drame. Mince satisfaction qui n'a pu adoucir son fiel. Il a fait jouer, le 24 *février dernier*, l'*Homme de Peine* à l'Ambigu. La consolation méritée était souhaitée par tous, — amis et ennemis politiques. — Elle n'est pas venue...

Félix Pyat donne en ce moment des chroniques à la *France libre*, journal qui, bien qu'antiministériel, ne ressemble en rien à son ancien *Combat*, de farouche mémoire.

RANC

Aujourd'hui député de Paris, inspirateur de la *République française*, l'ancien membre de la Commune a refusé dernièrement d'être ministre. Sous M. Grévy, les condamnés à mort ont la vie dure.

ROBINET

Médecin il était. Médecin il est redevenu après des excursions généralement malheureuses dans la forêt de Bondy du monde politique.

Le positivisme ne compte pas d'adepte plus fervent.

ROCHEFORT

Le directeur de l'*Intransigeant* est trop connu pour qu'il y ait à insister sur sa personnalité.

Je veux seulement raconter une scène de famille qui, mieux que tout, fera pardonner la couleur extra-rubiconde de ses articles et de ses convictions.

Henri Rochefort a trois enfants : deux fils et une fille. Celle-ci est mariée à un peintre de talent.

De ses deux fils, l'aîné, qui porte son prénom, a le goût des explorations ; l'autre s'est voué aux sciences.

Le jeune Henri, qui n'a aujourd'hui que vingt-trois ans, a demandé, à l'âge de dix-neuf ans, la permission de faire son service militaire en Algérie. Là, on n'a qu'une année à passer sous les drapeaux, à la seule condition de rester dans le pays en qualité de colon.

Son année finie, autre demande, celle de faire partie de la mission Brazza. Permission accordée. Il s'embarqua au commencement de 1883.

Ah ! c'est une histoire assez triste que celle qui va suivre.

M. de Brazza se mit en route avec quarante hommes. Combien y en avait-il auprès de lui à la fin de l'année? Dix. Deux étaient morts. Les autres s'étaient égrenés ici ou là, exténués, malades, enfiévrés, impotents.

Dès son arrivée au Congo, Henri Rochefort attrapa les fièvres. Depuis, elles ne l'ont guère quitté. À peine pouvait-il se tenir debout trois jours par semaine.

Brazza l'avait fait chef de la station de Loango. Il lui avait donné pour armée dix-sept *laptots*. C'est ainsi que l'on nomme là-bas les tirailleurs sénégalais. Au début, tout marcha assez gentiment, mais bientôt les Portugais, qui n'aiment pas à être dérangés, excitèrent les nègres contre la mission. Celle-ci eut à soutenir un terrible combat, où force lui resta, mais où elle perdit cinq *laptots*.

On ne sait peut-être pas que Rochefort fils ressemble absolument à son père. C'est un fougueux.

Un jour, il apprit que, non loin de sa station, on allait faire mourir sur le tombeau d'un chef ses trente femmes et presque autant de serviteurs.

Au Malabar, la chose s'effectue dans les flammes.

Au Congo, on empoisonne à l'aide d'une essence d'un effet infaillible.

Vite, Henri réunit les douze *laptots* qui lui restaient. Avec eux, il se rendit à l'endroit du sacrifice. Deux mille nègres piaillaient autour des femmes et des serviteurs.

— En avant...arche!

Et voilà les *laptots* qui, la baïonnette en avant, chargent la foule. Les nègres qui ne comprennent rien à la chose s'éclipsent. Le plus étrange est que les femmes étaient absolument furieuses. Il n'y a pas même eu moyen de les consoler. Oh! mais, là, pas du tout.

Pauvres *laptots!* C'est absolument le contraire de cela qu'ils rêvaient pour leur récompense...

Et les voilà revenus à leur station. A ce moment-là encore, ça marchait assez bien. Ils avaient au moins de quoi manger.

Mais la vérité est que Brazza est parti sans argent. Quant à lui, personnellement, il se moque des événements. Il paraît que c'est un sauvage. Il n'éprouve pas le besoin de manger. Il ne boit pas. Il est tout à son esprit de conquêtes.

Les nègres se refusent à donner même des bananes? Eh bien! tant pis. On serrera d'un cran sa ceinture. Cela ne peut faire l'affaire de jeunes gens qui passent la vie à marcher où à se battre.

Une fois, sur le Quillou, une autre fois sur l'Ogooué, on fit naufrage. Peu importait à Brazza. Mais les autres, dès que leurs habits étaient secs, demandaient à manger. Et rien, rien.

C'est ainsi qu'on vécut six mois au Congo, au Gabon.

Quand on traversait une ville, Henri écrivait ces misères à son père. Rochefort répondait : « Voici ma signature. Prends tout l'argent que tu voudras dans nos comptoirs. »

Mais il fallait d'abord recevoir la réponse, — ensuite, rencontrer un comptoir.

Et le pauvre garçon, toujours en proie aux fièvres, continuait à suivre Brazza sous un soleil torride. Là-bas les fièvres ont pour première conséquence de rendre anémique. La peau devient molle, les jambes se pèlent, les pieds se déchirent.

A la fin Henri, subissant tous ces effets, succomba. Le médecin de la légion dit :

— Il faut retourner en France.

A la première ville, Henri montra à un banquier portugais la lettre de son père. Ce banquier lui donna mille francs grâce auxquels il s'embarqua sur un vaisseau anglais.

Il est revenu à Paris dans la soirée du jeudi

6 décembre 1883. On ne saurait imaginer dans quel état.

Il avait l'air de ces malheureux qu'on voit, pâles, hâves, dans les hôpitaux. Rochefort a pleuré en le revoyant. Le pauvre enfant n'avait plus de cheveux...

La politique n'a rien à faire en ces choses tout humaines. Le lendemain, vers six heures du soir, une question artistique m'amenait chez Rochefort, juste au moment où allait se passer une scène délicieuse, celle que j'ai annoncée.

La bonne entra :

— Monsieur, dit-elle, c'est M. Octave.

Octave, c'est l'autre fils de Rochefort, un ancien élève de l'École centrale que ses condisciples appelaient Map-Map, parce que, quand il fredonne un air, au lieu de faire *tra la la*, il fait *map, map, map*.

— Oh ! s'écrie Rochefort, ne lui dites pas qu'Henri est ici. Faites-le entrer dans la salle à manger. Dans une minute, vous m'annoncerez un monsieur.

Aussitôt Henri comprend. Il redresse son col. Il rabat son chapeau sur ses yeux.

Rochefort et moi, nous allons rejoindre Octave dans la salle à manger.

Au bout de quelques secondes, la bonne revient :

— Monsieur, dit-elle, c'est un monsieur.
— Qui ça, un monsieur ?
— Je ne sais pas.
— Eh bien ! faites entrer.

Henri entre, ayant toujours le chapeau sur les yeux.

— Qu'est-ce que vous désirez? demanda Rochefort.

L'autre essaie de contrefaire sa voix.

— Je voudrais vous parler de la manifestation d'aujourd'hui.

— Oh, Henri ! s'écrie Octave.

Et voilà les deux frères qui se jettent dans les bras l'un de l'autre, pendant que Rochefort pleure et rit à la fois.

Ah ! je vous jure qu'en ce moment le pamphlétaire était loin. Au diable soient les gens qui ont gâté l'humanité avec leur épouvantable politique !

TIRARD

Longtemps député de Paris, aujourd'hui sénateur, cet ex-membre de la Commune a d'abord été ministre de l'agriculture et du commerce. Il est aujourd'hui ministre des finances.

Vienne une nouvelle Commune. Il la fera mitrailler pour réparer l'erreur qu'il a commise en 1871, et qui lui a pourtant été fort profitable.

URBAIN

Cet ancien chef d'institution fut nommé membre de la Commune par le VII° arrondissement.

« Amour, quand tu nous tiens... »

Urbain était, en ce temps-là, l'amant d'une madame L... qui n'était, paraît-il, fidèle qu'à l'infidélité.

Marguerite de Bourgogne faisait tuer ses amants.

Après le 24 mai, madame L... se serait, nous assure-t-on, contentée de livrer le sien. Urbain fut condamné au bagne.

Il est aujourd'hui employé dans une compagnie d'affichage.

Il a remplacé, vers le milieu de 1882, l'amour libre avec madame L... par un bon et solide mariage... avec une autre.

Ce n'est pas moi qui reprocherai à la vraie madame Urbain d'avoir été élevée dans un couvent.

Pour tout le monde, le mariage n'eut lieu qu'à la condition, imposée par Urbain, qu'il serait purement civil.

Mais il y avait une sous-condition, imposée par la fiancée qui avait déclaré que, même mariée devant M. le maire, elle ne serait jamais *madame* Urbain qu'après avoir été mariée devant Dieu.

Daniel Rochat dans la vie.

Nous passons sur mille détails d'un ordre tout intime.

Ce qu'on peut dire, c'est que, *deux jours* après son mariage civil, — et resté civil pour tous, — on voyait Urbain, en dépit des opinions anticléricales qu'il se plaît à afficher en public, se rendre secrètement, à six heures du matin, à l'église, y entendre une messe basse et y recevoir le sacrement du mariage.

« Amour, quand tu nous tiens. »

VAILLANT

Bombardé membre de la Commune par le VIIIe arrondissement, Vaillant, après le triomphe de Versailles, fut condamné à mort, mais par coutumace, ce qui est rarement dangereux.

Docteur en médecine, docteur ès sciences, propriétaire à Vierzon, il vit aujourd'hui de ses rentes, qui lui permettent d'être sans souci conseiller municipal.

Ancien rédacteur de *Ni Dieu ni Maître*, il a toujours, pour maître et pour dieu, feu Blanqui le père.

Aussi est-il membre du comité révolutionnaire central.

Cela ne l'empêche point d'avoir quelquefois maille à partir avec les révolutionnaires.

Personne n'ignore que ceux-ci sont divisés en

deux groupes principaux : les blanquistes, les anarchistes.

Or Vaillant n'est que blanquiste.

Le dimanche 7 décembre 84, les ouvriers sans ouvrage avaient organisé, salle Favié, un meeting.

Mise en scène : Une salle oblongue. En face de la porte, une tribune protégée par une barrière. Tout autour, même au-dessus de la tribune, une assez large galerie. Retenez bien ce décor. La salle est archicomble. A la tribune, les organisateurs du meeting essaient de procéder à la formation du bureau. Oh! quel tapage! On hurle deux noms. Il faut bien dix minutes pour les percevoir. Ce sont ceux des citoyens Vaillant et Leboucher.

Vaillant, naturellement, appartient à l'extrême gauche du Conseil municipal. Mais aujourd'hui ce n'est plus assez. C'est un autonomiste. Il veut donc la Mairie centrale, la Commune légale. Insignifiances !...

Leboucher est l'un des héros des meetings ouvriers. Il a été arrêté, en novembre 84, à la sortie du meeting de la salle Lévis. C'est un anarchiste qui, ne reconnaissant aucun gouvernement, dédaigne par conséquent la Commune, puisqu'elle a la prétention d'en être un.

Les deux noms sont mis aux voix. L'élection n'est pas bien nette. Le bureau croit pourtant que c'est Vaillant qui est élu. Celui-ci saisit la sonnette. Mille voix hurlent : « Leboucher! » On veut contraindre ce dernier à prendre la présidence. Vaillant se croise les bras. Pendant une demi-heure, on se dispute, on vocifère. A la fin, on envahit la tribune dont la barrière se brise. Alors, de la galerie qui domine le bureau, tombent sur ces réactionnaires de blanquistes des tabourets, des chaises, des banquettes. Les membres du bureau ripostent en lançant leurs sièges aux anarchistes. Cet échange *d'armes* prolonge la scène. A trois reprises différentes, le champ de bataille est abandonné, puis reconquis. Mais décidément les anarchistes triomphent. Leboucher est hissé sur la tribune au milieu des acclamations. Pendant ce temps, ceux qui ont reçu des horions se mettent des mouchoirs autour de la tête dans un petit café qui sert de foyer aux artistes.

Le silence se fait. On lit des adresses des différents groupes provinciaux et étrangers. On applaudit même celle des *Allemands* DE LONDRES. Puis, au nom de la liberté (!), Leboucher prie la salle d'écouter loyalement le citoyen Vaillant.

Celui-ci a préparé un ordre du jour qu'il développe. Il veut que les représentants du peuple demandent d'urgence aux corps constitués :

1º Que, vu la crise ouvrière, les appartements au-dessous de cinq cents francs soient désormais gratuits;
2º Que les logements non occupés soient livrés au peuple ;
3º Que tous les travaux reconnus nécessaires soient immédiatement entrepris ;
4º Qu'une somme de cinq cents millions soit mise à la disposition des ouvriers.

Il demande tout cela d'une voix de baryton enrhumé. Il a cependant l'air de rire. Il est vrai que sa tête de singe grimace toujours. Il n'a pas de succès. Tous les couplets laissent la salle froide.

C'est que les anarchistes ont préparé un autre ordre du jour qui, d'ailleurs, est beaucoup moins net. Mais vous comprenez la situation. Puisqu'il y a en ce moment la guerre entre les anarchistes et les blanquistes, le point important est que l'ordre du jour de ces derniers, fût-il excellent pour les ouvriers, ne soit pas voté.

Le ténor Ponchet, une des célébrités anarchistes, veut prendre la parole. De même que Leboucher, Ponchet a été arrêté après le grand meeting de la salle Lévis. Un groupe de blanquistes essaie de s'opposer à sa rentrée. Dans un coin, les partisans de Vaillant chantent la *Carmagnole*. « A la porte ! » crie-t-on. La chose est décidée. Les anarchistes s'élancent et expulsent les blanquistes, au milieu desquels est par hasard le citoyen Crespin, un révolutionnaire qui, paraît-il, n'est pas très pur. On va jusqu'à l'accuser d'être un faux frère et d'avoir des relations avec la police. On le roue de coups. Il sort tout ensanglanté de la salle. Son vêtement est en lambeaux. Crespin ne peut plus se tenir. Les nombreuses personnes qui stationnent devant la salle Favié n'ont que le temps de le porter dans un fiacre, où il s'évanouit. Il a reçu un coup de couteau anonyme...

Pendant ce temps, on déblatère dans la salle contre l'ordre du jour de Vaillant qui finalement est repoussé.

La chose, paraît-il, fut sensible au conseiller autonomiste, car on le vit durant un mois organiser avec soin des réunions aux heures mêmes où les anarchistes en tenaient. De la sorte, les blanquistes étaient seuls et pouvaient acclamer en famille le vieux singe qui a des rentes.

Et, le 21 janvier dernier, Vaillant procédait publiquement, rue de Jussieu, à la deuxième exécution de Louis XVI.

De Louis XVI ? Pardon. J'oublie où je suis. Ici

on ne connaît l'auguste victime de la Révolution que sous le nom de M. Louis Capet.

Oui, une quinzaine de blanquistes ont eu l'idée d'organiser, à l'occasion du 92° anniversaire de la mort de Louis XVI, une « grande conférence publique » dont l'ordre du jour était : L'exécution de Louis Capet, ses causes et ses conséquences.

Les dames étaient instamment priées d'y assister. Elles sont venues. On en a même nommé une assesseur.

Une autre a été élue secrétaire.

Le président, le premier assesseur et les deux citoyennes prennent place sur le petit théâtre de la salle de l'Ermitage. Un piano derrière lequel se mettent les orateurs sert ainsi de billot. L'exécution va commencer.

Sur chacun des murs latéraux est une immense affiche illustrée. Elle annonce la revue de fin d'année qu'on doit prochainement jouer sur cette scène minuscule : *Cherchez le microbe*. Eh bien ! soit, cherchons le microbe.

Une deuxième exécution ne doit pas ressembler à la première. D'abord, il y a des chances pour que le héros principal manque. Ce soir, on procède longuement. Il y a autant de bourreaux que d'orateurs. Chacun d'eux participe au crime.

4.

C'est d'abord le citoyen Bergerol qui punit Louis Capet d'avoir entretenu une correspondance secrète avec les émigrés et d'avoir souhaité l'intervention des étrangers. Il reconnaît toutefois que, comme bourgeois, le sieur Capet eût été irréprochable. Ah ! s'il s'était contenté d'être serrurier. Mais tu as été roi. A mort, misérable !

Le citoyen Chauvière lance un autre réquisitoire. Ce qu'il veut tuer en Louis Capet, c'est l'idée religieuse en vertu de laquelle celui-ci s'est cru Roi. Mais, par bonheur, cette royauté a eu une fille : la République. Et cette fille, aidée d'ailleurs d'un prince du sang, Philippe-Egalité, l'a fait périr dans le sang comme périront les petits-fils de Philippe-Egalité qui briguent aujourd'hui le trône... Heureusement, le citoyen Chauvière est pressé d'aller dans une autre réunion. Il exécute vite.

Vient le tour du citoyen Emmerique. O peuple, comme on t'instruit ! Pour ce troisième bourreau, la Révolution a été préparée par Voltaire, par Jean-Jacques Rousseau, *puis par Corneille*, qui a fait des *comédies républicaines !* Au moins celui-là exécute gaîment.

Il n'en est pas de même, hélas ! du citoyen Vaillant, qui veut absolument être député, et qui comptant sur le scrutin de liste, se répand en ce moment dans toutes les réunions. Il va de la Villette à Montrouge, des Epinettes au Jardin-des-Plantes. Il est l'inévitable Bertron actuel, promenant partout la monotonie de son éloquence, qui a des glou-glou de ruisseau.

En lui, il n'y a que le verre de ses lunettes qui brille. Je ne connais pas d'orateur plus assommant. Ce n'est pas seulement Louis Capet qu'il exécute. C'est toute la salle. Les auditeurs, d'ailleurs, écrasés par le sommeil, ont déjà l'air de tendre le cou. Et comme je me rebiffe, mes yeux, de nouveau, tombent sur l'une des deux grandes affiches : *Cherchez le microbe !*

Mais le voilà, le microbe. Il s'appelle Vaillant, le microbe de l'ambition impuissante !

C'est très malsain, les microbes. Je me sauve.

DEUXIÈME SÉRIE

LES SOLDATS

DE LA COMMUNE

ALAVOINE

Jadis simple commis à la préfecture de la Seine, aux appointements de quinze cents francs, le citoyen Alavoine s'est trouvé tout porté à l'Hôtel-de-Ville pour faire partie du comité central de la garde nationale, qui, après les élections du 26 mars, s'effaça devant la Commune élue.

Après dix ans de déportation, il est rentré à l'administration comme si rien ne s'était passé depuis son départ. M. Hérold a fêté le retour de l'Enfant prodigue en le nommant commis-principal.

C'est très encourageant.

ARNOLD

Arnold fut l'un des promoteurs de la Commune. Il faisait, comme Alavoine, partie du *comité central* de la garde nationale.

Il est aujourd'hui architecte de la ville.

Il est toutefois resté fidèle à ses opinions. Aussi est-il l'un des membres influents de la *Solidarité*, association des proscrits de 1871.

BESTETTI

Eugène-François Bestetti est né à Paris le 14 avril 1817. C'est ce qu'on peut appeler un *vieux bonze de la démocratie*. De son état, il est coupeur pour chaussures. Il est marié et père de trois enfants.

Il se battit énergiquement dans les rangs des Fédérés et fut condamné pour ses hauts faits à la déportation dans une enceinte fortifiée.

Il rentra à Paris après l'amnistie et fut le principal organisateur du comité de résistance des ouvriers de sa profession.

Délégué par sa chambre syndicale aux congrès ouvriers du Havre et de Marseille, où il fut rapporteur d'une commission, il y déploya, disent ses amis, une grande éloquence et fut nommé membre du comité central du parti ouvrier.

Le 16 mars 1882, Bestetti a été arrêté à son domicile.

Il était inculpé d'avoir pris une part active à la manifestation du 9 mars et au pillage des boulangeries.

Son arrestation s'est opérée sans aucun incident. Les voisins ne l'ont même connue que par les journaux.

BRISSAC

L'ancien rédacteur du *Vengeur* a publié des *Souvenirs de prison* fort curieux. C'est à cet ouvrage que je dois renvoyer ceux qui s'intéressent à lui.

Aujourd'hui Brissac vend les ouvrages des autres. Il est en effet libraire. Je lui recommande ce volume, qui est vraiment très édifiant.

BRUNEL

Après avoir été officier de l'armée régulière, Brunel fut *élu* colonel de la Commune.

Ce fut lui qui défendit pendant vingt-quatre heures la place de la Concorde. Comme tant d'autres, il put, après la prise de Paris, gagner l'Angleterre, où il est aujourd'hui professeur à l'École navale. De l'autre côté de la Manche, il n'a été ni élu, ni même nommé : il a obtenu cette place *au concours*. Il ne la quitterait pour rien au monde.

Le loup s'est fait agneau.

BUDAILLE

Encore un retraité de la politique.

On n'entend plus guères parler de lui.

Tout ce qu'on peut me dire, c'est que l'ancien instituteur qui servit si énergiquement la Commune, a épousé dernièrement la fille de *Mes-Papiers*, un des héros des *Irréguliers* de Vallès.

ALBERT CALLET

Son enthousiasme pour la Commune lui valut trois années de détention qu'il passa à la maison centrale de Gaillon (Eure).

A sa sortie, les journaux intransigeants lui ouvrirent leurs colonnes. C'est là que le connut M. Charles Floquet qui, devenu préfet de la Seine, l'attira dans ses bureaux.

M. Albert Callet est aujourd'hui inspecteur-régisseur des bâtiments communaux.

Il a quarante ans.

Ses cheveux blonds, son teint coloré, son obésité naissante indiquent un bon enfant.

Comme homme, il a certainement bien souffert, le 6 octobre 1884, quand ses fonctions l'ont obligé à prendre scandaleusement possession des sacristies de l'église Saint-Nicolas-des-Champs condamnées par la municipalité à faire place à la rue Cunin-Gridaine. Il est vrai que, ce jour-là, comme ancien communard, il a pu se rappeler les beaux jours d'antan. Il y a eu compensation.

CHABERT

Le célèbre ouvrier graveur est resté le grand ami de Louise Michel et de Joffrin. Il ne manque jamais au banquet anniversaire du 18 mars, où il a le tort de parler. Il est extrêmement loquace.

Il s'est porté comme candidat ouvrier possibiliste aux élections municipales de 1884.

Il représente à l'Hôtel-de-Ville le quartier du Combat (XIX° arrondissement).

Il court toujours les réunions. Il y en a même où on le traite de réactionnaire !

Une fois, Lockroy ne l'a-t-il pas accusé d'avoir eu des accointances cléricales? A quoi Chabert a répondu triomphalement que, s'il était allé dans les cercles catholiques, ç'avait été pour faire de la propagande socialiste.

PROSPER DOUVET

Ancien officier d'ordonnance de La Cécilia, celui qui était alors le citoyen Prosper Douvet, contribua à la défense de Montmartre contre l'armée régulière, s'échappa après le 28 mai, fut condamné par contumace et resta à Londres où il entra au *Courrier de l'Europe*. Au bout de peu de temps, il était non seulement rédacteur, mais encore propriétaire de ce journal. On l'appelait alors, en célébrant sa grande intelligence, M. Prosper Douvet.

La vérité est qu'il avait su se créer à Londres une situation importante dans la colonie française. Il était membre de *Cobden-Club*.

Il revendit, il y a quelques années, le *Courrier de l'Europe* avec un grand bénéfice pour entrer dans l'administration d'une importante fabrique de papier d'alfa.

Cette fabrique voulut fonder une succursale à Paris. Il y vint. M. Douvet, qui la dirige toujours a également dirigé entre temps le journal le *Matin*.

Il préside aujourd'hui la *Ligue contre le droit du blé*.

Il est ou sera bientôt millionnaire.

FORTIN

LE DERNIER DES ASSASSINS DES OTAGES

— Tu sais que le pauvre père Louis s'en va ?
— Pas possible !
— Paraît qu'il est fichu. En voilà un qui pourrait en dire long sur la Commune...

Tel était le dialogue qu'on échangeait auprès de moi, à la fin de 1881, à certaine réunion de la salle Graffart.

— Le soir même, je savais ce qu'était « le pauvre père Louis ». Appartenant en 1871 au 66ᵉ bataillon de fédérés, il avait fait partie du peloton d'exécution des otages. Caché à temps, il avait échappé à toute poursuite.

Il y avait à recueillir un intéressant récit, des révélations peut-être... Le surlendemain, je me faisais conduire auprès du père Louis, qu'une maladie de foie allait emporter. Il était pourtant debout. Il ne souffrait qu'à certaines heures. Je tombai dans un entr'acte.

— Je n'aime pas à tromper les gens, lui dis-je. J'appartiens à un journal réactionnaire.

— Qu'est-ce que ça me fait ! répondit-il. Ce ne sont pas les réactionnaires qui nous ont trompés. C'est l'autre !...

Jadis, L'AUTRE, c'était Napoléon Iᵉʳ. A la fin de 1881, c'était Gambetta.

— Évidemment, repris-je, vous avez beaucoup de choses à dire sur le 24 mai. Ce récit n'a jamais été écrit par un témoin « oculaire ». Voudriez-vous me permettre de vous adresser quelques questions ?

Il réfléchit un instant, puis répondit :

— A une condition. J'ai des enfants qui sont tranquilles. Je sais bien qu'on ne pourrait plus me rien faire aujourd'hui, mais ils n'aiment pas le bruit. Je n'en ai plus pour longtemps. Vous attendrez ma mort pour faire votre travail, et vous ne me nommerez pas. Tout ce que je vous dirai sera la vérité même. Je n'ai plus profit à mentir. Votre article sera d'autant plus intéressant que j'ai lu par curiosité tout ce qu'on a écrit sur la chose. Rien n'est exact. Comment aurait-on su la vérité ? Tout le monde a menti devant les juges. Interrogez-moi.

— Quel grade aviez-vous ?

— J'étais simple fédéré.

— Par quels faits êtes-vous arrivé à faire partie du peloton d'exécution ?

— Ce sera long, mais ça explique tout.

Ici il est nécessaire que je dégage ma responsabilité. Je ne vais écrire que ce que j'ai entendu. On verra à la fin de ce chapitre que la preuve de ce que je raconterai se peut encore faire.

— Le 15 mai, dit le père Louis, le 66° était de garde à la Place. Il était onze heures du soir. Un officier veut y entrer. Je crie : « Qui vive ! » Il ne répond pas et m'écarte. Je dis : « Citoyen, tu ne passeras pas sans le mot d'ordre. » Il répond : « Quand on s'appelle le comte de Beaufort, on se fout des gens comme toi. » Et il tire son sabre. Nous le connaissions. C'était un officier d'état-major, mais il était saoul. Deux hommes et moi, nous le désarmons et nous le laissons entrer. Une minute après, il revient avec un pistolet à chaque main. Nous le désarmons encore. Il dit : « Voilà un bataillon qu'il faudra *purger*. » Et, le 24 mai, on nous envoie à la rue Caumartin. Ç'a été chaud. C'était un vrai guet-apens. Les hommes tombaient comme des mouches. La barricade ne tenait plus. La ligne passait à travers. A un moment, les Versaillais prennent six hommes et les collent contre un mur. Pan! Nous nous retirons. Place du Château-d'Eau, nous rencontrons un officier qui nous traite de lâches. C'était le Beaufort. « Cochon, lui dit le sergent, tu as dit que tu nous purgerais. Tu viens de faire fusiller six hommes. » Nous le mettons à son tour contre un mur et nous lui faisons son affaire. Tout le monde était excité. Nous étions du faubourg Saint-Antoine. Nous allons, à la mairie du XIe, raconter la chose. Ferré y était, depuis le matin, avec Gustave Genton et Fortin.

— Que faisaient Fortin et Genton ?

— Eh bien, Genton, c'était un juge d'instruction installé au Palais de Justice, mais replié au XI°. Fortin était son secrétaire. Sicard, qui nous commandait, dit à Ferré : « Ça ne peut pas aller comme ça. Nous sommes trahis. La Commune a fait un décret pour nous protéger. On a fusillé six prisonniers. Vous avez plus de cent cinquante otages. Nous voulons qu'on en fusille six. » Ferré, qui était membre de la Commune et préfet de police, était furieux. Il parle un instant avec Genton. Il prend un papier ; il écrit deux lignes, et il dit à Fortin, en lui donnant le papier : « Fais ce qu'il faut. » Nous suivons tous Fortin...

— Combien étiez-vous ?

— Trente hommes à peu près.

— Quelle heure était-il ?

— Six heures. Ah ! ça n'a pas été long, vous allez voir.

— Qu'y avait-il d'écrit sur le papier ?

— Quelque chose comme cela : « Ordre au ci-citoyen-directeur de la Roquette de faire exécuter six otages. » Je ne réponds que des derniers mots. Il y a eu après cela d'autres mots écrits. Ceux-là, je les sais par cœur et je vous les dirai tout à l'heure. Il y avait des hommes enragés, et Fortin leur montrait l'ordre. En cinq minutes, nous arri-

5.

vons à la Roquette. Nous courions. Fortin montre l'ordre à François.

— Quel François?

— Vous savez bien, le directeur. François dit : « Voici ma liste. Prenez les six premiers inscrits. » Fortin lit tout haut les noms. Aussitôt tout le monde crie : « Non, non. L'archevêque n'y est pas. Il nous faut l'archevêque. Il y a besoin d'un exemple. Nous voulons l'archevêque. »

— Quels étaient donc ces six premiers malheureux?

— Il y avait Deguerry, Bonjean, Allard, Leclère, Ducoudray, et un autre jésuite pas connu. Fortin insiste pour avoir l'archevêque. François ne veut pas. Nous disons : « Allons trouver Ferré, » et nous y allons tout de suite. Il était encore à la mairie. Il écrit en travers de son premier ordre d'exécution : « *Et notamment l'archevêque.* » Et il met le timbre. Seulement il dit à Fortin :

— Combien avez-vous d'hommes?

— Trente.

— Ce n'est pas assez. Tâchez d'en raccoler d'autres.

Alors Fortin, sur la place Voltaire, demande tout haut :

— Y a-t-il des hommes de bonne volonté pour exécuter l'archevêque?

— Oui, tous, tous !

Il y avait même un pompier en uniforme, qui dit :

— Je veux venger mon frère.

On ramasse comme ça quinze hommes, et nous retournons à la Roquette. Devant l'ordre de Ferré, François envoie le brigadier de la prison faire l'appel dans les couloirs.

— Quelle heure était-il ?

— Sept heures à peu près. Guère plus.

— Que s'est-il passé dans la prison ?

— Ah ! ça, je ne peux pas le dire. J'étais resté dans la cour. Alors nous avons vu les otages descendre dans le chemin de ronde.

— Vous étiez fort ému ?

— Pas du tout.

— Quelle attitude avaient donc les hommes ?

— Voilà ; de voir les otages venir tranquillement, ça les a calmés. On ne peut pas dire que tout ne se soit pas bien passé.

— Et les otages ?

— Ils ont été très bien. On n'aurait jamais dit qu'ils avaient été pris à l'improviste. Ils ont marché devant nous. Genton, qui, la seconde fois, était venu avec nous, réglait tout ça.

— Quel chemin avez-vous pris ?

— Nous avons suivi le chemin de ronde jusqu'au mur.

— Pourriez-vous me faire le plan de la scène ?
— Si vous voulez.

Sur mon brouillon, l'un des traits à l'encre s'est effacé sous le doigt de l'assassin.

```
   Chemin
  de ronde  |  A  L'Archevêque.
            |  B  M. Deguerry.
            |  C  M. Bonjean.
    - K     |  D  M. Leclère.
            |  E  M. Allard.
    - J     |  F  M. Ducoudray.
            |  G  Peloton d'exécution.
            |  H  Sicard.
            |  I  Fortin.
  G . . . I |  J  Genton.
  G . . . . |  K  François.
  G . . . .
            H

  F E D C B A                  Chemin
  . . . . . .                 de ronde
```

Le brouillon fait, le père Louis reprit :
— Nous avons placé les otages dans l'ordre que je viens d'indiquer.
— N'ont-ils rien dit, rien fait ?
— Voilà. Dans le parcours, un des Jésuites, je

ne sais plus lequel, s'est jeté aux pieds de l'archevêque comme pour lui demander sa bénédiction. L'archevêque, qui semblait penser à quelque chose, ne l'a pas vu!

— Et M. Deguerry?

— Très calme, très digne. Tous de même d'ailleurs.

— Aucun d'eux n'a eu un mouvement de faiblesse?

— Aucun... Si, pourtant... M. Bonjean. On voyait bien qu'il avait de la famille. Il tenait à la main un rouleau de papier qu'il a remis à un garde, je ne sais plus lequel, en lui disant : « Vous porterez cela à mon fils. » Je ne crois pas que le garde ait pu faire la commission. Ils ont tous été fusillés au Père-Lachaise.

— Et quand les otages ont été placés, vous n'avez rien remarqué?

— Si. Le Père Allard a dégrafé sa soutane et a montré sa chair.

— Qui a commandé le feu?

— Sicard. Seulement il n'avait pas de sabre, et c'est Fortin qui lui a prêté le sien. Nos hommes étaient sur trois rangées, deux égales et une plus petite. J'étais sur la deuxième. Sicard a levé son sabre. Il y a eu une forte décharge. Cinq sont tombés morts du coup. L'archevêque est resté debout. « Feu ! » a crié Sicard. Quatre ou cinq hommes seulement ont tiré. L'archevêque est tombé.

— Qu'avez-vous fait alors ?

— Sicard a envoyé des gardes qui ont donné le coup de grâce et nous sommes partis.

Tout cela m'était raconté si sèchement que je ne craignis pas de demander :

— Vous n'aviez aucune émotion ?

— Ah ! on était assez habitué à la mort ! Fortin a fait le procès-verbal qu'il est allé porter à Ferré dans la salle des mariages du XIe. Sur la place, on disait que ça marchait mal pour nous. Alors j'ai pensé aux enfants et je suis allé chez un camarade, qui m'a caché une quinzaine de jours. Voilà tout ce que je peux dire.

— Qu'est devenu Sicard ?

— Il a été arrêté, mais il est mort de maladie avant d'être jugé.

— Genton ?

— Condamné à mort et fusillé le 30 avril 72.

— François ?

— Condamné à perpétuité pour l'affaire de l'archevêque et exécuté pour l'affaire de la rue Haxo, le 25 juillet suivant.

— Fortin ?

— Condamné à la déportation, mais revenu. C'est avec moi le seul qui vive encore.

— Que fait-il?

— Il est sculpteur sur bois en vieux meubles. Quand vous publierez cela, vous verrez qu'il ne vous démentira pas, quoiqu'il ait nié devant les juges, mais aujourd'hui ça ne lui fait rien. Il est venu me voir. Nous avons causé de cela ensemble.

Le « pauvre père Louis » est enterré aujourd'hui. Je suis donc autorisé à répéter sa confession, que le dernier survivant, le sculpteur Fortin, serait seul en droit de démentir. Il ne la démentira pas. Ce sont les autres récits qu'il réfute.

J'ai volontairement laissé à mes notes toute la sécheresse des réponses de mon interlocuteur. Les faits sont assez émouvants par eux-mêmes!

Je dois ajouter que, depuis, j'ai vu Fortin qui n'a pas du tout l'air d'avoir participé à de tels événements.

C'est un gros garçon, bon enfant réjoui, qui, m'a-t-on assuré, travaille ferme.

Ce criminel est un homme rangé.

Il est toujours sculpteur sur bois. Il est l'un des principaux fournisseurs de la rue Véron, à

Montmartre. On n'imagine pas le nombre de jeunes *vieux meubles* qui sortent de cette rue.

Fortin n'a guère aujourd'hui que quarante ans. Il s'est marié, — civilement, cela va sans dire, — au commencement de l'hiver de 82. Henri Rochefort et Alphonse Humbert, restés ses amis, lui servaient de témoins.

HECTOR FRANCE

L'ancien chef de Légion, qui avait été d'abord officier dans l'armée, est devenu un des bons romanciers de l'Ecole moderne.

Encore une révolution, à laquelle il se gardera probablement de prendre part, et il entrera à l'Académie.

ALPHONSE HUMBERT

Le fédéré-journaliste qui, le fusil entre les jambes, créa, en compagnie de Vermesch et de Vuillaume, le fameux *Père-Duchêne* de 1871, est aujourd'hui un des principaux rédacteurs du *Petit Parisien*. Il est trop connu pour que l'on fasse sa biographie. Il a quarante ans. Taille moyenne. Teint brun. Moustache et cheveux noirs. Petits yeux brillants qui ne savent qu'être ou joyeux ou colères. Pas de milieu.

Au moral, très bon enfant.
Humbert est le Henri IV de l'intransigeance.
Comme le Béarnais, il est surtout père de famille. Il travaille, ayant sur l'épaule mademoiselle Lucile, âgée de cinq ans, qui laboure abominablement les cheveux crépus de son esclave.

Sa plus grande joie est de la voir courir, joufflue et rose, dans l'immense parc qui attient à sa maison, sur le versant nord de Montmartre, où l'air est si vif et si sain.

Parfois Gillet voit entrer dans un de ses cabinets particuliers, un couple qui paraît des plus tendres. Le citoyen Humbert est en train de se souvenir que c'est chez ce restaurateur qu'il a fêté son mariage. On sait qu'il a épousé en 79 la sœur d'Edmond Lepelletier.

C'est un fidèle, dans la vie privée comme dans la vie publique. Son parti peut compter sur lui, mais pas plus que ses amis.

Comme littérateur, il va publier prochainement un roman de mœurs qu'il a écrit en collaboration avec M. Louis de Gramont, *Angèle Chaviron*.

JOFFRIN

Le 7 mai 1882 fut un beau jour pour celui qui fut pendant plus d'une année chef actif du parti ouvrier, et qui n'a pas dit son dernier mot.

Du scrutin de ballottage, le citoyen Joffrin sortit conseiller municipal de Montmartre.

D'où venait-il?

On ne le connaissait que comme orateur des réunions publiques, orateur médiocre et plagiaire, dégoisant, le soir, les rapsodies entendues la veille dans d'autres réunions ou lues dans les journaux du matin.

Or, sur les affiches, il se donnait comme le représentant du grand parti collectiviste ouvrier.

Il avait raison. Il est ouvrier. Il est mécanicien. On le dit même habile. Nous nous demandons, par exemple, quand il pouvait travailler.

Chaque soir, il allait dans plusieurs réunions, dont la dernière était parfois tenue fort loin de son logis. Quand on se retire, entre onze heures et minuit, il serait bien étonnant qu'on ne bût pas quelques bocks collectivistes avec les amis. Il nous semble pourtant que les ateliers ont la réputation d'ouvrir d'assez bonne heure.

Y avait-il un enterrement de communard? Joffrin conduisait le deuil et parlait sur la tombe. Encore une après-midi perdue. Ses patrons, vraiment, devaient être fort commodes.

Nous aimons mieux croire qu'on le payait bien, durant les rares heures où il daignait travailler. Il a donc, moins que les autres, le droit de se plaindre des infâmes patrons.

Car, enfin, de quoi gémit-il, le citoyen Joffrin? Voyons ensemble si le sort a été si cruel à son égard. Pendant la guerre de 1870-71, il était mobile de la Seine et, si nous en croyons ses anciens camarades du 15ᵉ bataillon, il se montra même assez froid au Bourget. Comme tant d'autres, il ne se sentit brave que contre ses compatriotes. Il fut, en qualité de fédéré, condamné par le conseil de guerre ; mais il avait déjà passé la Manche quand le jugement le frappa. Il entra, comme mécanicien, dans une usine de Londres, où il gagna largement sa vie.

Au lendemain de l'amnistie, il revint à Paris et trouva tout de suite de l'ouvrage.

Non, mais, là, de quoi se plaint-il? Que veut-il?

Ce qu'il veut? Ah! ses propres amis le savent bien. Joffrin, qui flotte aujourd'hui entre trente-huit et quarante-deux ans, est dans l'âge de l'ambition. Lui aussi est piqué de la tarentule politique. Il essaye de jouer aujourd'hui l'ancien jeu de Gambetta. En 1869, on pouvait se faire remarquer en criant : Vive la République !

En 1885, le cri de : Vive la Commune ! serait lui-même démodé. Joffrin pousse le cri de l'avenir : Vive la Collective !

Comme on l'applaudit, il est content. On affirme que, pour récolter plus de bravos, il forcerait encore, tant qu'on voudrait, ses sentiments socialistes.

Il s'en faut pourtant que ses partisans l'acclament toujours. Certain soir, nous avons senti passer au-dessus des têtes un de ces froids!...

Joffrin venait de dire :

— N'est-ce pas, citoyens, que vous avez assez des gens riches? N'est-ce pas, que vous voulez qu'un des vôtres représente au Conseil municipal le grand parti ouvrier? Je sais que la fonction que je sollicite est gratuite. Mais je vous connais. *Vous serez les premiers à prélever sur vos gains la petite somme nécessaire à l'existence de votre représentant.* A mon point de vue, toutes les fonctions publiques doivent être rétribuées. Je ne demande à représenter le parti ouvrier que parce que je suis ouvrier moi-même. Comme tel, je gagne ma vie. Conseiller municipal, je ne pourrai plus aller à l'atelier. Mais je crois pouvoir compter sur vous comme vous pouvez compter sur moi.

On a absolument fait semblant de ne pas comprendre.

Pour être juste, il faut ajouter que Joffrin ne se trompait pas. Il avait raison de compter sur son parti qui lui a alloué ce qu'il demandait.

Ceci nous conduit à une explication que nous tâcherons de rendre aussi peu aride que possible, mais qui est nécessaire.

Le parti ouvrier de chaque arrondissement a un comité qui réunit et gère les fonds. Ces fonds sont constitués par le bénéfice des réunions publiques, — quand il y a bénéfice; — par des cotisations mensuelles qui sont généralement de cinquante centimes; par des souscriptions individuelles et volontaires, dont la plupart sont de vingt et de quarante sous.

Sait-on qu'à Montmartre les élections ne coûtent absolument rien aux candidats?

Ce sont les comités qui en font tous les frais. Leur caisse est donc vite épuisée.

Tel est le cas de celle du parti ouvrier des Grandes-Carrières. On n'a qu'à l'ouvrir pour en voir le fond.

Or, à la veille de l'élection de Joffrin, il fut entendu qu'on lui donnerait dix francs par jour, tant qu'il serait conseiller municipal.

C'est le minimum de ce qu'il faut maintenant pour vivre, et l'on conviendra que Joffrin n'était pas trop exigeant.

Au début, tout alla bien.

On lui compta, sans se plaindre, ses trois cents francs par mois. Les semaines s'écoulèrent. A la fin, cela sembla dur. En février 1883, les ouvriers gagnaient déjà peu. Ils avaient bien promis des cotisations mensuelles, mais, le jour où on venait les leur demander, ils répondaient :

—Ah! dame! aujourd'hui, nous chômons, on paiera ça le mois prochain.

— C'est que tout le monde nous répond cela, et il faut payer Joffrin !

— Que voulez-vous que je vous dise? Adressez-vous au comité national.

Ce raisonnement n'était pas trop bête, car tous les comités ouvriers de France sont dirigés par un comité national alimenté par eux. Dans certaines villes, il n'y a que des bénéfices avec lesquels on comble le déficit des autres.

On le comble... quand on le peut.

Ce comité national ne manque pas d'être fort tiraillé. Aussi est-il parfois contraint de laisser tirer la langue à ses clients.

Cela, naturellement, ne faisait pas le compte de Joffrin.

Avec ses amis, il avait fait marché à dix francs, tandis que, comme mécanicien, il gagnait jusqu'à douze francs par jour. Joffrin était, paraît-il, malgré ses fréquentes absences, un ouvrier très recherché. Huit ans de séjour dans les fabriques d'Angleterre l'ont rendu très habile. En outre, selon une expression en usage dans les ateliers, dès qu'il est au travail, *il masse*. Cela veut dire qu'il abat beaucoup de besogne.

Des chiffres qui précèdent, il résulte que quand il avait l'honneur d'être conseiller municipal, cet honneur lui coûtait une soixantaine de francs par mois.

De là, ses premiers soupirs.

Il est vrai que ceux-ci ont été vite comprimés. Par malheur de nouveaux griefs ont rendu ses autres soupirs plus accentués.

Tout conseiller municipal a naturellement des dépenses extraordinaires. Un jour il faut aller à l'hôpital de Bicêtre, le lendemain au Vésinet. Cela engendre des frais. De ces frais-là, on n'avait point parlé, mais Joffrin a tout de même présenté sa note.

Les premiers mois, on a payé. Depuis, on s'est récrié. Déjà l'on avait de la peine à lui donner dix francs par jour. Payer les voitures avec cela, mais c'était la ruine !

Du coup, la ficelle s'est tendue. Bref, il est évident que si l'élection avait été à refaire, Joffrin ne se fût pas représenté et que, dans le cas où il se représenterait, il y aurait des chances pour qu'on ne votât point pour lui.

On objectera qu'en ce moment il y a beaucoup de réunions publiques, et qu'à la porte de chacune d'elles, les plateaux s'emplissent de sous.

Nous allons ici donner deux chiffres dont l'exactitude étonnera les intéressés eux-mêmes.

A la fameuse réunion où M. Clémenceau a

rendu, en 1882, compte de son mandat au cirque Fernando, les frais se sont élevés si haut que le comité électoral en a été *pour soixante francs.*

En revanche, à la réunion anticléricale organisée à l'Élysée-Montmartre par un citoyen à qui je ne veux pas faire de réclame, il y a eu neuf cents francs de bénéfice. Par malheur, celle-ci n'avait rien à faire avec le parti ouvrier. Ces neuf cents francs-là ont passé devant le nez de notre conseiller municipal.

Et voilà pourquoi Joffrin soupirait tant dès la fin de la première année de son mandat.

Le résultat financier des réunions de son parti est toujours des plus minces. Il faut pérorer énormément, crier, se frapper la poitrine pendant deux heures, transpirer comme un fort de la Halle pour avoir vingt francs de bénéfice.

Oh! comme il soupirait, Joffrin!...

Nous avons connu un temps où les ouvriers, après le travail manuel de la journée, pouvaient aller, le soir, dans les écoles municipales transformées en chaires d'éducation secondaire, étudier les sciences exactes, le dessin, la littérature.

Au commencement de 1882, le conseil municipal a changé tout cela.

Il a autorisé les clubistes à ouvrir des réunions

publiques dans les écoles. Vous comprenez que, maintenant qu'on a le choix, il n'y a plus d'hésitation. A l'algèbre on préfère tout naturellement le tapage politique.

C'est Joffrin qui a inauguré la chose dans les écoles de la rue du Poteau, des Grandes-Carrières, et de la rue Lepic.

Aux Grandes-Carrières, j'ai vu, certain soir, un véritable tableau de Rembrandt.

Au milieu de la haute salle enfumée, une petite table devant laquelle est assis le bureau. Un long tuyau de poêle passe au-dessus des têtes. Dans un angle, un escalier en échelle appliqué contre le mur. Tous les bancs de la classe, toutes les marches de l'escalier portent un monde invraisemblable. Là où il y a de la place pour dix, on est quinze. C'est qu'on va dire du mal des *bourgeois*. Quelle fête !

Ces réunions sont organisées par le parti ouvrier socialiste, dont le grand *leader* est précisément le mécanicien Joffrin qui dévoile assez crûment les *desiderata* de ce parti.

Ce que veulent les adhérents de Joffrin, c'est :

1° La lutte sur le terrain des classes et la création d'un parti exclusivement ouvrier, en opposition avec tous les partis purement politiques, y compris le parti radical socialiste, suspect, lui aussi, de bourgeoisisme.

Ici une parenthèse. Pour le parti ouvrier, ceux-mêmes qui, jusqu'à ce jour, ont défendu sa cause, ne sont que d'affreux bourgeois qu'on ne doit plus laisser spéculer sur le socialisme. Ainsi, Henry Maret n'est plus le citoyen Maret, mais monsieur Maret. L'ouvrier seul a le droit de s'appeler citoyen. Mais, continuons :

2° Conquête des fonctions électives dans la commune et dans l'Etat, afin d'arriver à :
3° La *socialisation* des instruments de travail, fabrique, usines, gros outillage, sol et sous-sol, champs et mines.

Joffrin dit :

— Le travailleur, est fatigué de son éternel rôle d'exploité. Il est le collaborateur du patron. Il doit participer aux mêmes bénéfices que lui. Plus de salaires ! Des gains. Le *salariat* est un vol... Le peuple veut *la véritable rémunération* de son travail, c'est-à-dire l'abolition du salariat!... Aux dernières élections, nous étions vingt-deux mille. Nous serons trente mille aux prochaines. Quoi qu'on fasse, l'avenir est à nous.

Songez qu'autrefois on se montrait un libéral. Les libéraux sont devenus républicains, puis radicaux, puis intransigeants. Aujourd'hui déjà, vous voyez des *bourgeois* se dire socialistes. Patience. Réunissons-nous souvent comme ce soir. Attirez vos amis, et bientôt Paris qui est à nous, puisque c'est nous qui faisons ses maisons, ses voitures, ses habits, ses livres, Paris nous donnera toute la France. Commençons par réclamer ensemble la *socialisation* des fabriques. Bientôt nos frères de la culture se mettront avec nous.

Si nos gouvernants se donnent la peine de lire ces lignes instructives, qu'ils tirent eux-mêmes la conclusion ! Qu'ils mesurent la profondeur de l'abîme qui nous est chaque jour creusé par leur faiblesse. Ils comprendront où peut nous mener cette guerre au salariat.

Hélas ! plus d'un bourgeois de l'heure présente sort des anciennes classes du soir, où il allait sous l'Empire. Est-il besoin de se demander quelles gens sortiront des tristes écoles que l'on vient d'inaugurer !

Quant au style dans lequel Joffrin débite ses élucubrations ouvrières, il ferait la joie des lettrés.

Joffrin traite la langue française comme il voudrait traiter la société.

Sur ses affiches de mai 82, figurait la belle

phrase suivante : « Ce n'est donc pas eux, que nous avons à convaincre ; *ils le sont.* »

Et les membres de son comité, marchant sur ses traces, allaient même jusqu'à bouleverser l'orthographe des noms célèbres.

L'un deux, donnant son adresse, écrivait : rue *Oudon.*

Ah ! Montmartre a pu se vanter d'être élégamment représenté !

Montmartre ? Permettez. Il y a 7,217 électeurs inscrits. Joffrin a eu en tout 1,504 voix. Il ne représentait donc que le cinquième des électeurs. Quelle belle loi que la loi électorale !

Et trois mois après, le 25 août 82, nous avions sur le mont des Martyrs le triomphe de Joffrin, rendant compte à ses électeurs de sa noble conduite.

Tant de labeur méritait son pavois !

Théâtre du triomphe : la salle des écoles de la rue Lepic, un bâtiment qui fait face au pavillon occupé alors par un auteur dramatique, M. Louis Davyl. C'est bien cela. *Comœdia ! Semper Comœdia !*

Donc, là où, dans la journée, les instituteurs élèvent les enfants, Joffrin, le soir, instruit le peuple.

Et cela, sous les yeux vigilants du président

6.

Charpentier. Rien de commun avec l'éditeur connu.

Citoyens, dit Joffrin, je viens vous rendre compte du « peu de travail » que j'ai pu faire au Conseil municipal. Parlons d'abord du budget de la police. J'ai refusé de le voter. Ce n'est pas à nous de continuer les traditions de l'Empire. Au lieu de Piétri, nous avons Caméscasse et ses casse-têtes. La différence n'est pas sensible. Je ne suis pas votre représentant pour nourrir ces gens-là.

Pendant qu'on l'applaudit, c'est le moment de tracer enfin le portrait de Joffrin. Il a un défaut de prononciation, il zézaye, mais il n'est pas mal. Il a une tête de réactionnaire. Je vous le jure. Front carré qui pense. Joues pleines. Menton grassouillet, coupé en deux par une petite fossette. Un menton de propriétaire pas bête. Moustaches blondes d'ancien soldat.

Joffrin, mon ami, prenez garde. Vous appartenez à un parti où l'on n'aime pas les gens si dodus que cela. De plus, votre nez pointu dit votre ambition. Pensez à Gambetta, à Lullier, à Lissagaray. Vous n'en avez pas pour longtemps.

Je ne vous marchanderai donc pas votre triomphe.

Flétrissez, tant que vous le voudrez, la République bourgeoise.

On ne tardera pas à vous traiter, vous aussi, de bourgeois. Déjà votre ventre a sa chaîne à breloques, que vous aimez à faire danser, en parlant au peuple.

Puis vous êtes trop proprement mis. Cela vous coûtera cher.

En attendant, Joffrin traite, comme suit, de la question ouvrière :

Citoyens, il ne faut pas qu'on fasse une classe dans notre classe. Parmi vous, quels sont les heureux ? Les ouvriers de bâtiment que le Conseil municipal favorise ! Il leur octroie de 8 à 9 francs par jour. J'ai protesté, car il n'est pas juste que des ouvriers, — qui ont du mal, je le sais, — gagnent tant, quand les cordonniers, les tailleurs, en travaillant jusqu'à dix-sept heures par jour, ont beaucoup de peine à atteindre leurs 5 francs. Tant qu'on verra un Conseil municipal favoriser une secte sans rien faire pour les autres, on entendra mes protestations. Il ne doit pas y avoir de privilèges dans le travail. Personnellement, je n'en admets pas.

Applaudissements enthousiastes.

Et Joffrin en récolte de semblables, en parlant de la Compagnie du gaz qu'Alphonse Humbert, dit-il, a été le seul à attaquer, probablement parce que les autres se sont laissé « éclairer » par la Compagnie.

Rires approbatifs.

Successivement il parle de tout, de la guerre égyptienne qu'il flétrit, du ministère qu'il raille, de Gambetta qu'il daigne plaindre, de ceux-ci et de ceux-là. Et, tout le temps, on applaudit.

Comme c'est bon de monter au Capitole !

Mais l'heure des bocks est proche. Contre un mur, le meilleur ami de l'orateur, le citoyen chansonnier J.-B. Clément rédige un ordre du jour conçu à peu près dans ces termes :

Les électeurs du citoyen Joffrin, après avoir entendu ses explications, le remercient de son dévouement à la cause du parti ouvrier, et déclarent continuer à lui accorder leur confiance.

Cet ordre du jour est voté à l'unanimité.

Pauvre Joffrin ! Combien de temps ce succès durera-t-il ?

Si Shakespeare vivait de nos jours, il ne dirait plus : Perfide comme l'onde... Il dirait : Perfide comme une réunion publique...

Combien de temps ce succès a duré ?

Deux ans à peine.

Joffrin, lui, pourrait dire aussi : Perfide comme le suffrage universel.

Au commencement de 1884, il redevenait d'actualité. Il venait d'être blackboulé, injustement d'ailleurs, aux élections municipales.

Le 15 mai, on parlait de lui dans tout Paris. Il était malade. Je le vis aussitôt. Il me dit :

— Ne me blaguez pas trop !

— Non, citoyen, je ne vous blaguerai pas. J'admire quelquefois les vainqueurs, mais je plains toujours les vaincus. Dans les circonstances présentes, il serait infâme d'être cruel.

Le chef du parti ouvrier était alors intéressant sous différents aspects. Les prêtres de jadis faisaient leurs sermons en trois points.

Procédons de même. Premier point : Causes de l'insuccès de Joffrin. Deuxième : Sa maladie. Troisième : Son avenir.

Les causes de l'infortune politique de l'ancien conseiller municipal sont multiples. Certains électeurs vous diront : Il s'occupait trop de politique et pas assez des intérêts locaux. D'autres : Il a perdu des voix en troublant et en empêchant, avec ses amis, une réunion privée ouverte par son adversaire. D'autres encore : Il a eu le tort de croire le parti ouvrier trop puissant et d'écrire aux journaux purement radicaux que, désirant se passer de leur concours, il les priait de ne pas le mettre sur leurs listes. Enfin, puisqu'il faut faire entendre toutes les cloches, ses amis soutiennent que c'est son succès même au premier tour qui a été cause de sa chute au second. Il avait quatre cents voix de majorité. Il faisait un temps magnifique, le matin du second tour. On est parti à la campagne, ou on est allé travailler sans remords en se disant : « Il est sûr d'arriver ». Dernière cause : On a reproché au parti ouvrier de ne pas se désister dans les quartiers où il n'était pas premier et où il y avait ballottage. Les partisans du parti radical ont agi de même à Montmartre et ne se sont pas désistés en faveur de l'ouvrier triomphant. Il se peut, au fond, que chacune de ces causes ait contribué au résultat final. Mais à quoi bon discuter sur les faits accomplis?

Le lendemain de l'élection, Joffrin, qui, depuis quelque temps, avait un bobo à la lèvre, alla consulter un docteur. Celui-ci lui reprocha d'avoir négligé ce mal et l'envoya chez des médecins spéciaux, qui reconnurent une *epithélioma*. C'est ainsi que l'on nomme une décomposition du sang à la surface du corps.

Ils déclarèrent une opération nécessaire. On

résolut de le faire entrer à l'hôpital. L'opération n'a eu rien d'agréable. A l'aide d'un fil de platine rougi à blanc, qui taille et cautérise à la fois, on lui a coupé une veine dans la partie gauche de la lèvre inférieure. Je me souviens que, la veille, je lui ai demandé : « Vous vous ferez endormir ? » Il m'a répondu : « Jamais de la vie. Il faut apprendre à souffrir. »

D'après lui, cette maladie remontait à 1871. Elle était la conséquence d'une blessure qu'il reçut au même endroit pendant la Commune.

On a proposé à Joffrin de le faire mettre à la maison Dubois. Il a répliqué qu'ouvrier il devait aller, comme ses frères, à l'hospice. C'est peut-être bien de l'exagération politique !

A-t-il désarmé au sortir de l'hôpital ? Non pas. Il attend impatiemment de nouvelles élections, — continuant à s'occuper de son parti, à parler dans les réunions, à écrire « pour l'honneur » dans le journal *le Prolétariat*.

Nous avons parlé de l'allocation que, comme conseiller municipal, il recevait du parti ouvrier. Les sous-chefs du parti voulaient continuer à lui fournir cette somme pour lui permettre de donner tout son temps à la politique active. Il n'a pas consenti.

Avant d'être conseiller municipal, il était, nous l'avons dit, ouvrier mécanicien, ayant la spécialité des machines à coudre. Il a repris son état.

En tout cas, il faut reconnaître que, comme conseiller municipal, il n'a jamais rien eu à se reprocher. Il a assisté, tant qu'a duré son mandat, à toutes les séances du Conseil, moins une, parce que, cette fois-là, il faisait une conférence à Lille.

Joffrin reviendra sur l'eau possibiliste.

LEFÈVRE-RONCIER

Cet ancien chef d'état-major de Delescluze était à Londres quand on le condamna.

Avocat, il y créa un cabinet d'affaires qui ne tarda pas à acquérir une certaine importance. C'est à ce cabinet qu'alla frapper Musurus-bey lors de son procès avec les parents de sa jeune femme, mademoiselle d'Imécourt.

M. Lefèvre-Roncier est aujourd'hui établi à Paris. Il est très lié avec les opportunistes, notamment avec M Rouvier.

Il ne doit plus guères s'occuper de politique militante.

MAXIME LISBONNE

Comédien il était avant la Commune.
Comédien il a été depuis.
Comédien il sera toujours.
Directeur du théâtre national des Bouffes-du-Nord, on l'a vu de fois en fois opérer en public. Ce vaincu de la Commune excelle dans les rôles gais.

Il a monté avec enthousiasme, mais toujours gaîment, la fameuse *Nadine* de Louise Michel. Il a sollicité en riant un drame de Jules Vallès.

Chaque soir, son théâtre servait de lieu de rendez-vous aux vieux communards comme aux jeunes collectivistes.

Il les tutoie tous. D'ailleurs qui ne tutoie-t-il pas ? Il tutoie même Albert Wolff.

Un de ses souvenirs glorieux est d'avoir été enfermé, après la Commune, à l'hôpital de Versailles, dans la même chambre que Hippolyte Ferré, le frère de Théophile, et que le poète Maroteau.

Il a passé huit ans au bagne, séparé naturellement de sa femme, une charmante personne qu'il adore. En Calédonie, il a souffert tout ce que l'on peut imaginer. Il n'en veut à âme qui vive. Il est si content d'être revenu qu'il eût donné même à M. Jules Ferry une loge à demi-droit.

Mais attention !

Pour commander autre part que sur un théâtre, pour jouer en pleine vie un vrai drame, au milieu d'une fusillade réelle et d'un incendie pour de bon, le comédien Lisbonne, monté et vêtu comme Marceau, agiterait, bel et bien, son grand sabre en criant à la foule :

— Enfants de la République universelle, l'heure de la délivrance a sonné. Pour l'extinction de l'infâme classe bourgeoise, pour la mort des ignobles patrons, pour l'indépendance des pauvres travailleurs, levez-vous. Suivez-moi. En avant et toujours en avant ! Arche ! !

Dire que le jour viendra peut-être où tu nous feras peur, colonel !

En attendant, Lisbonne entreprenait, quand il était directeur, tout ce qu'il pouvait pour attirer du monde à son théâtre.

Bien qu'ayant une jambe presque immobilisée par suite d'une blessure reçue place du Château-d'Eau, pendant la guerre, il déploie en toute circonstance une activité vertigineuse. Jusqu'à l'automne de 82 pourtant, il se croyait au-dessous de son devoir.

— La Porte-Saint-Martin, murmurait-il dans ses nuits d'insomnie, le Châtelet, le Château-d'Eau lui-même ont eu des lions et les Bouffes-du-Nord n'ont eu encore que des chevaux et des grues !...

Il essaya de s'aboucher avec un dompteur, de passage à Paris, mais les dompteurs sont hors de prix ! Que devenir ?

Or, il paraît qu'il y eut au moins une heure où la Providence veilla même sur les Bouffes-du-Nord.

Par hasard, Lisbonne apprit qu'il y avait dans les écuries du cirque Fernando cinq vieux lions qui avaient été abandonnés par un dompteur engagé ailleurs.

— J'ai trouvé ! s'écria-t-il. Je vais faire ce que n'a fait aucun directeur de Paris. Je dompterai ces lions. J'entrerai dans leur cage. Je leur mettrai mon pied malade sur la tête !...

A ce moment son front se rida.

Lisbonne continua son monologue :

— Oui, mais j'ai eu l'honneur de me battre pour la Commune, d'être condamné pour elle !

Moi aussi, j'ai eu ma rentrée triomphale à Paris. Ce métier va me diminuer...

Il chercha encore. Il trouva. Il appela deux fournisseurs patentés de revues de fin d'année, mes amis Beauvallet et de Jallais. Il leur en commanda une où l'on devait voir un tableau du genre suivant.

Le compère, M. Prudhomme, faisant allusion aux événements de 71, aurait dit solennellement :

— M. Thiers a sauvé la France et si de nouveaux soulèvements se produisaient, d'autres lions encore se dresseraient pour épouvanter et faire fuir les rebelles.

— Les gens dont vous parlez, des lions ! se serait écrié Lisbonne. Faites-les donc voir.

La toile de fond se serait levée. Les cinq vieux lions édentés du cirque Fernando eussent apparu au public, enfermés dans une cage de feuillage. Les auteurs leur auraient donné des noms transparents, sous lesquels on eût reconnu ceux des personnages politiques en vogue.

Lisbonne se serait élancé dans la cage, eût chanté un rondeau foudroyant, agacé et fustigé les pauvres bêtes.

Il comptait sur un grand effet qui, en même temps qu'il eût empli sa caisse, eût perpétué son rôle d'artiste politique.

Telle était, en 82, sa dynamite, à lui. Après tout, elle vaut mieux que l'autre.

Hélas, il était écrit que le vaincu de la Commune serait aussi un vaincu du théâtre. A la fin de la première année, la commandite lui fit défaut. Lisbonne rentra momentanément dans la vie privée.

Il en sortit brillamment un soir, le 7 août 1884. On était en plein Congrès. Il y avait meeting antiversaillais, salle Lévis.

Le citoyen Gambon, démissionnaire du Congrès, présidait. Ce grand diable de Lisbonne était là, à côté des députés Maret et Laisant qui, eux, ne voulaient pas démissionner. La salle était houleuse.

Après avoir entendu peu respectueusement les explications des députés Maret et Laisant, les anarchistes, qui ne manquent jamais ces fêtes-là, se déchaînèrent.

L'un d'eux propose de se rendre en masse à Versailles autour de la salle du Congrès, d'envahir celle-ci, de balayer les opportunistes, qui ne sont plus pour eux que des orléanistes déguisés. Lisbonne alors demande la parole.

Avec son chapeau légendaire, tuyau de poêle aux bords plats, toujours planté sur le haut de ses cheveux frisés, avec la canne sur laquelle il est forcé de s'appuyer à cause de sa blessure, il monte à la tribune.

— Citoyens, dit-il, vous voulez aller à Versailles ?

— Oui, oui.

— Eh bien! moi aussi, je suis tout prêt à m'y rendre. Moi, on me connaît. Je suis Lisbonne. On sait où me trouver. On sait aussi ce que j'ai fait en 71. Je ne me contente pas de parler, j'agis. Pendant les journées de Mai, il y avait à Paris deux cent mille braillards qui hurlaient : Vive la Commune! et il y en a eu dix mille à peine qui ont réellement fait le coup de feu. Il ne faut pas qu'il en soit de même aujourd'hui.

— Non, non !

— A merveille. Eh bien ! vous êtes ici à peu près neuf cents qui criez : Allons à Versailles. Le voulez-vous réellement ?

— Oui. A Versailles !

— A la bonne heure. Ça va rouler. Seulement, puisque vous me connaissez, vous trouverez bon que, moi aussi, je veuille vous connaître. Vous ne vous étonnerez pas que je vous demande vos noms et adresses. Que tous ceux qui veulent venir avec moi, et dès demain, à Versailles, se mettent de ce côté de la salle. Allons, citoyens, par file à droite, droite !

Un mouvement se fit. Des citoyens se dégagèrent et se rendirent vivement du côté que désignait l'orateur.

Lisbonne les compta.

Il y en avait dix-neuf !

Pas un de moins. Pas un de plus.

Lisbonne, alors, eut un geste que n'eût pas désavoué Mirabeau.

— Je vous salue, vous, les braves, reprit-il en s'inclinant devant les 19. Je vous admire et je vous remercie au nom de la grande cause, mais vous voyez bien que réellement nous ne sommes pas assez nombreux pour balayer une assemblée. Allons, *oust !* les braillards ! Je crois que vous allez vous taire à présent. Rentrez chez vous, vos femmes vous attendent.

On hua Lisbonne, mais il n'a pas froid aux yeux.

— Puisque la besogne qui se fait ici, reprit-il, est inutile, moi, je vais prendre un bock. Ça vaudra mieux. Ceux qui ne sont pas contents me trouveront au café.

Et il s'en alla, toujours appuyé sur sa canne.

Et on n'a plus parlé de Versailles.

Aujourd'hui Lisbonne est journaliste. Il a créé

l'*Ami du Peuple*, journal *maratiste*, rédigé *dans une cave*. Il fait ses courses dans une petite voiture peinte en rouge, qu'il conduit lui-même. A côté de lui est un groom déguisé en forçat et fixé au siège par une chaîne !

LOUIS LUCIPIA

Lucipia est presque le compatriote d'Ignotus. Il est né à Nantes en 1843. On peut dire qu'il était déjà radical sur les bancs du collège où il fut le condisciple de Sigismond Lacroix, de Clémenceau, de Paul Dubois, mort récemment.

Il fit son droit en même temps que moi à Paris. Je me souviens des articles qu'il publiait en 64-65 dans les journaux du quartier latin, où il mordillait l'Empire.

Membre de l'*Internationale*, il fit partie du Comité socialiste de la septième circonscription et devint le secrétaire de Cantagrel qui, dans les réunions publique de 1869, disait d'une voix de prophète : « Ne criez pas : Vive Cantagrel ! Criez : Vive la République ! »

Capitaine pendant la guerre dans un bataillon du génie auxiliaire, il prit part au mouvement du 31 octobre et s'installa à l'Hôtel-de-Ville en compagnie de Blanqui et des autres. On sait comment Jules Ferry l'en délogea.

Le 22 janvier, nouveau mouvement. Les Bretons gardaient l'Hôtel-de-Ville. Lucipia crut qu'il n'avait qu'à leur parler pour les tourner contre Ferry. Ils tirèrent sur lui.

De son côté, au lendemain de la guerre, le général Vinoy, qui n'aimait pas les journalistes, le poursuivit pour un article qui avait ce titre significatif, quoique un peu long : « Retournez à l'atelier, mais gardez votre fusil. »

Lucipia se retira dans son pays où il apprit, le 20 mars seulement, la proclamation de la Commune.

Le surlendemain il était à Paris et s'engageait dans les « fédérés ».

Le 25 mai, après l'assassinat des dominicains d'Arcueil auquel on l'accusa d'avoir pris part, il échappa à la répression en se cachant chez un ami. Pour sortir, il se déguisait tantôt en commissionnaire, tantôt en peintre d'enseignes. Mais il n'est pas de figure plus facile à reconnaître. Ses longs cheveux *bleus*, son épaisse barbe de démocrate à tous crins, un défaut dans l'œil, puis un éternel lorgnon sans l'aide duquel il ne verrait point à deux pas, sont autant de « signes particuliers ».

Lucipia fut reconnu, arrêté, emprisonné. Le conseil de guerre le condamna à mort, mais la peine fut commuée en celle des travaux forcés à perpétuité. C'est ainsi qu'il fit, sans payer, un voyage à l'île Nou.

Aujourd'hui, Lucipia est l'un des principaux rédacteurs du *Radical*.

Il m'est arrivé de le rencontrer au bas de la rue Lepic, achetant les provisions du ménage. Il évite ainsi à sa mère, avec qui il habite au n° 20, la peine de sortir.

S'il y avait à féliciter les gens d'aimer leur mère, il n'est pas d'éloges que le farouche fédéré ne mériterait à cet égard.

La pauvre mère est d'autant plus éprise de son Louis qu'elle a manqué de le perdre, et dans quelle tragédie !

Aux dernières élections municipales, Lucipia, tout comme Joffrin, fut blackboulé à Montmartre.

Les électeurs, maintenant, le trouvent tiède.

Il ne leur suffit pas qu'on ait été emprisonné, condamné à mort pour la cause.

Que leur faut-il donc ?

MASSON

Masson était, en 1870, sous-officier du train des équipages. Au 18 mars, on lui confia un poste important dans la légion du 17e arrondissement, puis Delescluze l'appela au ministère de la guerre.

Masson avait le tort de professer pour Rossel une trop grande admiration. Après l'arrestation de ce dernier, il fit tellement de démarches pour qu'on lui rendît la liberté, qu'on fut sur le point de l'arrêter lui-même. Il dut se cacher, ce qui lui rendit service à la fin de Mai.

Il promenait récemment encore à la Bourse une belle chaîne d'or sur un joli petit ventre rond, et s'occupe d'affaires financières.

Le terrain est glissant... Masson, aujourd'hui, aurait bien besoin qu'on lui rendît le service qu'il voulait rendre à Rossel.

PHILIPPE

Cet ancien soldat de la Commune, qui ne fut jamais que simple garde-national, se signala assez pour être condamné à la déportation simple. Il fut dirigé vers la Nouvelle-Calédonie. Quand il en revint en 1880, il se remua, trouva des fonds et acheta l'établissement des Eaux de Belleville.

Cet établissement marchait peu. Philippe le débaptisa. Empruntant le nom d'une rue voisine, il grava sur son fronton : *Eaux de l'Atlas*. Quelque temps après, il était forcé d'acheter quarante chevaux pour desservir sa clientèle. Encore un bourgeois !

Il ne doit pourtant pas trouver que la République est le gouvernement sous lequel tout est au mieux. Il paraît, en effet, que la crise actuelle, qui n'a guère épargné de choses, a fait faire des économies même sur l'eau...

Philippe aujourd'hui cherche un établissement plus solide.

TROISIÈME SÉRIE

LES FEMMES

DE LA COMMUNE

LA DÉSIRÉE

Un incident marqua la sortie du meeting qui eut lieu, salle Lévis, le 27 août 1882.

Une citoyenne rencontre M. Henri de Lapommeraye qui venait de voir et d'entendre, pour la première fois, mademoiselle Louise Michel.

Elle s'arrête devant lui. Elle lui met le doigt à la boutonnière, sur le ruban rouge dont il a été gratifié comme professeur au Conservatoire.

Elle lui dit crânement :

— Citoyen, comment avez-vous osé venir ici avec cela ?

— Mais, madame, parce que je l'ai.

— Si je l'avais, moi, je ne le porterais pas.

Et la voici qui fait son petit discours : « La décoration est le résultat d'un abus du pouvoir. Elle a le tort d'établir une *distinction* entre des citoyens *égaux* ». Et patati, et patata.

— Vraiment, citoyen, continue-t-elle, on retire son ruban avant d'entrer dans nos réunions.

— Permettez, madame, réplique Lapommeraye, ayant l'habitude de le porter dans la rue, je juge à propos de ne l'ôter nulle part.

Et, sur ces mots, il salue et se retire.

La citoyenne, qui s'était permis cette algarade, était une petite blonde à la figure chiffonnée. Quarante ans à peu près. Toilette assez propre.

C'était la Désirée. On affirme qu'à la fin de l'Empire, elle était assez désirable.

Elle ne tenait toutefois son prénom que de sa marraine.

Quant à son nom de famille et à celui de son mari, l'un et l'autre sont restés des mystères.

Les mémoires secrets sont toujours pleins de saveur. Je bénis le hasard qui, de temps en temps, veut bien m'en livrer un chapitre.

Les héros des lignes suivantes seront, outre la Désirée, Napoléon III et Gustave Flourens.

La Désirée venait de perdre son mari.

Celui-ci, qui était un républicain ardent, l'avait rendue ultra-radicale. On se souvient de l'effervescence, qui troubla Paris à la fin de l'Empire. La Désirée y prit part, marchant à côté des forts, exaltant les faibles, ne manquant pas une réunion publique.

Parmi tous ceux qui rêvaient la chute de l'Empire, un homme surtout lui plut. C'était Gustave Flourens, dont l'enthousiasme et l'audace la conquirent.

Au commencement de 1869, à Belleville, il continua, en dépit du commissaire de police, deux réunions dissoutes. Il fut, de ce chef, condamné à trois mois de prison après avoir déjà subi deux mois de prévention à Mazas.

Dès la détention de son héros, la Désirée n'eut naturellement d'autre souci que d'adoucir sa captivité. Munie d'un panier contenant un poulet, du vin et autres agréments, elle se rendit naïvement à la prison dont on lui ferma la porte. Il lui fallait un laisser-passer, qu'elle alla demander à la Préfecture.

Comme elle n'était ni femme, ni sœur, ni même cousine du prisonnier, le laisser-passer lui fut refusé. Sa rage fut sans égale.

De même que les paysans qui rendent toujours le gouvernement responsable du mauvais état des récoltes, elle accusa l'empereur de ne pas vouloir qu'elle vît Flourens. Sa haine politique devint une haine personnelle.

Ajoutez à cela que, de Mazas, le prisonnier qui

avait une grande confiance en elle, la demandait par tous ses amis. Il voulait la charger de faire un triage parmi ses papiers dans lesquels il craignait que la police ne fouillât et qui pouvaient compromettre quelques-uns de ses amis.

Folle, exaltée, la Désirée fit un serment, celui de tuer l'empereur. Elle dressa son plan qui, selon elle, était bien simple.

Très lettrée, elle écrirait une jolie supplique à Napoléon III, lui demandant une audience pour intercéder une grâce. Rarement les souverains refusent de ces audiences.

Elle aurait une petite cartouche de picrate de potasse et la jetterait sur le bureau de l'empereur, prête à donner elle-même sa vie pour la mort du tyran.

Mais, en ce temps-là, on ne trouvait pas facilement du picrate de potasse. Il lui fallait un chimiste pour complice. Le parti radical en comptait quelques-uns qui lui refusèrent leur concours.

Il faut entendre la Désirée flétrir les pusillanimes qui lui répondirent :

— Au fond, nous ne sommes pas pour l'assassinat politique. Le suffrage universel doit tout faire...

A défaut de picrate, la Désirée pensa à s'armer d'un revolver, malgré le peu d'expérience qu'elle avait de cette arme.

A ce moment, Flourens, désespérant de la voir, lui fit parvenir ses clefs en lui donnant ses instructions. Vite, elle courut chez lui, chercha les papiers en question.

En les fouillant, elle était bien forcée de lire. Et n'eût-elle pas été forcée ?... On n'est pas vainement femme.

Les bras lui tombèrent. Il n'y avait pas que des lettres dans les papiers à consulter. Il y avait des notes intimes au milieu desquelles s'étalaient des phrases comme celle-ci : « Je serai, pour la Crète, Alexandre doublé d'Aristote. » De ces notes s'exhalaient de terribles aveux d'ambition effrénée. Quoi ? Elle rêvait l'abolition du pouvoir personnel et son héros lui-même, celui qu'elle considérait comme le type le plus pur de la réforme révolutionnaire, rêvait aussi d'être un tyran. C'en était trop. Son idole se brisa. A quoi bon tuer l'empereur puisque le parti auquel elle s'était vouée réservait peut-être à celui-ci une armée de successeurs ?

Quelques semaines après, Gustave Flourens sortait de prison. Il reprit rang dans le mouvement radical. Rochefort se présentait à la députation dans la première circonscription de Paris.

Flourens se fit son séide et le soutint dans toutes les réunions publiques.

Un soir, il était élu président aux acclamations de la salle. Une femme demanda la parole. C'était la Désirée qui monta à la tribune, un parapluie à la main droite, un papier à la main gauche.

— Citoyens, dit-elle, je demande la permission de vous lire quelques notes intimes, en vous déclarant d'avance que je les condamne de la première ligne à la dernière et que je renie leur auteur, qui a la prétention d'être des vôtres.

Le scandale plaît toujours. La salle permit à la Désirée de lire et rugit.

— Eh bien, continua-t-elle, croyez-vous encore maintenant que l'homme qui a écrit cela soit digne de vous présider ? Car l'auteur de ces notes est assis à cette table. C'est vous, Gustave Flourens !

Et, de son parapluie, elle menaça héroï-comiquement celui qu'elle avait tant admiré.

Mais, du coup, on la mit à la porte. Le peuple ne veut pas que l'on touche à ses dieux.

Depuis ce jour-là, la Désirée est reniée par son ancien parti. La passion politique, elle aussi, a ses cruelles hystéries et ses épouvantables désillusions...

La Désirée s'est vengée en se faisant anarchiste.

Elle était au milieu de ceux qui, salle Lévis, lançaient des morceaux de table aux blanquistes.

LA CITOYENNE LEMELLE

Une des huit condamnées à mort que les survivants de la Commune ont inscrites sur leur martyrologe.

Sa qualité de femme l'a sauvée. Sa peine a été commuée. La citoyenne Lemelle, ou plutôt *le vieux sergent*, — comme l'appellent encore ses amis en souvenir des fonctions qu'elle remplissait pendant la Commune dans l'armée des fédérés, — a été condamnée à la déportation, puis graciée. Elle vit aujourd'hui à Paris, dans un petit logement, à Montmartre, 12, passage Germain-Pilon. Très intelligente, elle a bravement demandé une place à Henri Rochefort qui lui a fait cette réponse romaine :

— Je ne sais rien de plus honorable pour une femme que de chercher à gagner sa vie par le travail.

La citoyenne Lemelle a maintenant une place

de douze cents francs au journal l'*Intransigeant*. Ce n'est pas la fortune, mais c'est le pain assuré. Il paraît qu'elle s'en contente. A vrai dire, en sa qualité de déportée en retraite, elle entre gratuitement dans les réunions publiques où elle peut encore rêver en plein tapage le retour de la Commune.

LA CITOYENNE LEROY

C'est la plus connue des huit femmes qui ont été condamnées à mort après le terrible Mai.

On parla beaucoup d'elle parce qu'elle aima et *dénonça* Urbain, membre de la Commune. Il reste toujours une femme, même dans une citoyenne.

Sa peine fut naturellement commuée. La citoyenne Leroy fut, avec ses sept amies, transportée aux îles Maronites.

Depuis qu'elle a été graciée, elle a deux fois changé de nom. Elle s'est d'abord appelée madame Merr, mais son mari, un Hollandais qu'elle a connu en exil, est mort après seize mois de mariage.

Elle a épousé depuis M. Duvergier, ouvrier lithographe, et doit avoir oublié, à l'heure qu'il est, la Commune, ses pompes et ses œuvres.

LA CITOYENNE MARCHAIS

L'une des communardes les plus furibondes, la femme Marchais, qui traita de si haut la justice, a épousé... curieux retour des choses d'ici-bas... *un gendarme !* Son mari, qu'elle adore, a dû arrêter, depuis, plus d'un de ses anciens amis.

LOUISE MICHEL

On célébrait le 5 janvier 1881, selon le rite de la Libre-Pensée, les obsèques de Blanqui.

Quelques centaines de convaincus et cent mille badauds avaient suivi le corps. C'était presque une seconde édition des obsèques de Victor Noir.

Les députés Louis Blanc, Barodet, Cantagrel, Daumas, Amat, Vernhes, Talandier ; les citoyens Henri Rochefort, Jules Vallès, Alphonse Humbert, Edmond Lepelletier, Fortin, le général Eudes, Lissagaray, Arnold, Vaillant, Longuet, Gaillard, Cournet ; les citoyennes Marie Ferré, Léonie Rouzade, Lemelle, Cadolle, étaient là.

Et entre toutes et tous particulièrement regardée, celle dont on a tant parlé depuis la Commune, la terrible LOUISE MICHEL.

L'un après l'autre, sur le bord de la tombe, le général Eudes, au nom du parti blanquiste, le citoyen Roche, au nom de la ville de Bordeaux, le citoyen Lepelletier, au nom de la Libre-Pensée, le citoyen Sussini, au nom du socialisme révolutionnaire de Marseille, ont parlé.

Tout à coup les rangs s'ouvrent, comme au théâtre, à l'entrée du premier sujet.

Place à Louise Michel. A son approche, un brouhaha se fait.

Droite, rigide, vêtue de noir comme toujours, presque drapée dans un grand voile qu'on prendrait pour un linceul noir, elle se place sur le bord de la tombe d'où elle semble sortir, les grands yeux fauves tout béants, le nez taillé comme avec un couteau au-dessous d'un front d'anachorète.

Elle lève le bras droit avec un mouvement de marionnette et de sa large bouche aux lèvres minces tombent lentement, mesurément, sur un ton de récitation, ces paroles enfiévrées que Bouchardy eût mises volontiers dans un rôle de Masaniello féminin :

— Blanqui, ta mort est une apothéose. Plus l'homme est enfoui, plus l'idée domine... Si on venait ici nous massacrer tous pour tes doctrines, tous nous serions heureux, et ceux qui ne sont pas ici s'empresseraient d'y accourir.

En étiez-vous si sûre que cela, mademoiselle ?

— A côté de nos chers morts de 1871, au nom de Rigault, au nom de Ferré, je flétrirai sur cette tombe toutes les ignominies, quel que soit leur nom, empire ou opportunisme. Je te vengerai, Blanqui !

— Vive Louise Michel ! Vive la Commune !

A ces cris, M. Blanqui fils se retire. Son départ est même très remarqué.

Un citoyen se présente au nom des socialistes de Lille. Comme on cause bruyamment autour de la tombe, il juge à propos, ce dont nous le remercions, de clore son discours qui avait pourtant commencé par un grand effet :

— Blanqui est mort. Vive la Révolution sociale !

Louise Michel reparaît. Nous allons apprendre pourquoi l'on causait tant tout à l'heure.

Citoyens, dit-elle, Paule Minck devait venir parler sur cette tombe. Je le sais ! Elle avait reçu des dépêches de *tous les départements* de France qu'elle était chargée de représenter en ce lieu solennel. Il a fallu qu'on l'ait empêchée de parvenir jusqu'ici. Elle y est pourtant puisque j'y suis et que je me charge de remplir son mandat, etc...

Après deux autres discours de comparses, la cérémonie est terminée. Alors commence une bousculade inénarrable. Les uns voudraient se retirer. Les autres voudraient approcher. D'où deux courants opposés, furieux.

Le citoyen Lepelletier a la bonne idée de conseiller de faire une trouée en règle. Un autre montre comment il faut opérer. Aussitôt chacun prend dans ses bras celui qui le précède, et l'on s'avance en poussant. Comme elles sont solennelles, ces grandes cérémonies populaires !

Pendant un quart d'heure, c'est une mêlée

qu'on ne saurait peindre. Il y a de ci, de là, des groupes de dix personnes dont aucune n'a pied. On dirait vraiment des flots humains. Aux descentes, cela devient terrible. On a beau frémir, on est poussé tout de même. Enfin, l'on respire. On se trouve, sans savoir comment, à la porte du cimetière.

Là, nouvelle bagarre.

Un autre courant se produit. C'est l'héroïne de la cérémonie que l'on acclame, que l'on entraîne. Elle essaie, pour échapper à l'ouragan, de monter dans un fiacre qui stationne devant l'administration du cimetière. Le cocher se refuse énergiquement à la laisser monter. Il a été loué par l'inspecteur du Père-Lachaise.

Louise Michel prend un autre chemin. Deux mille hommes la suivent, hurlant : « Vive Louise Michel ! Vive la *Révolution sociale!* » avec calembour, car on n'ignore pas que tel était le titre de son journal.

Alors, spectacle étrange, inouï, un des cinq officiers de paix de service au cimetière, un jeune homme au visage de créole, s'avance et lui dit :

— Mademoiselle, permettez-moi de vous ouvrir un passage.

Naturellement il y parvient.

Il fait héler un fiacre.

— Ah ! monsieur l'officier de paix, s'écrie Louise Michel, qui est la naïveté même, vous êtes vraiment bien gentil !

Si c'était tout ! mais non ! Les forcenés suivent la voiture, qu'ils obligent à aller au pas et qui arrive péniblement à la Bastille. Là ils contraignent le cocher à faire deux fois le tour de la colonne et entourent le fiacre en vociférant la *Marseillaise*.

Louise Michel n'est rentrée chez elle qu'à la nuit, radieuse, enflammée. Blanqui était mort, mais elle s'imaginait avoir vu à ses obsèques cent mille socialistes !

Et, comme le lendemain, je racontais ces choses, la femme d'un de mes amis me proposait de me fournir sur la Jeanne d'Arc de la Commune des renseignements absolument intimes.

On ne doute pas de mon empressement à les accepter. Comme je lui savais *un joli brin de plume* au bout du doigt, je la priai de les rédiger à mon intention, ce qu'elle fit avec une bonne grâce dont les lecteurs lui sauront gré.

Ils auront ainsi l'histoire de la jeunesse de Louise Michel racontée par un témoin de sa vie :

« Il y a plus de vingt ans, — c'est maintenant ma collaboratrice qui parle, — une institutrice qui eut longtemps une certaine réputation dans le quartier de la Bastille me présenta mademoiselle Louise de Mailly. C'est le nom que donnaient encore à Louise Michel ses amies d'enfance et les gens de son village; elle le porta à Paris assez longtemps après la mort de son grand-père. Ces dames, catholiques pratiquantes, très charitables, plaignaient *indistinctement toutes les misères*. Louise y employait l'ardeur de dévouement qui l'a perdue. Je me sentis irrésistiblement entraînée vers ce cœur généreux, vers cet esprit orné, qu'un grain de folie rendait plus séduisant encore. Ce grain, devenu si énorme, est un héritage de famille. Son père et le frère de son père sont morts hypocondriaques et à peu près fous. Son grand-père vivait en savant du moyen âge, inspirant une certaine crainte aux paysans qui le croyaient bien un peu sorcier. Louise, née dans le château, y fut élevée par le vieillard comme une fille légitime. Le gentilhomme encyclopédiste et bizarre n'avait pas de préjugés. Il fit l'éducation de sa petite-fille par la lecture et par les conversations; il la fit toucher à toutes choses, religions, sciences, philosophies, beaux-arts, mais toucher seulement, sans ordre ni réflexion. C'est au château de Mailly que Louise vit deux fois Victor Hugo ; à son admiration pour le poète se joignit une affection passionnée, que je puis certifier au-dessus de toute suspicion. Une correspondance assez suivie développa l'exaltation généreuse de ce cerveau mal équilibré. Peu à peu les théories humanitaires du maître, agrandies par les mystérieuses et mystiques formes qu'il emploie pour les hausser au ton prophétique, remplacèrent les grandes croyances et les humbles vertus chrétiennes ; la jeune fille rêva de se dévouer au salut de l'humanité ; l'orgueil latent au fond de notre pauvre espèce lui souffla, non pas la passion de l'héroïsme, mais l'ambition d'être une Jeanne d'Arc ou une Charlotte Corday. L'abominable politique complétant toujours les leçons de la philosophie moderne l'a conduite aux abîmes. Lorsque je connus Louise, elle n'en était pas là, elle dirigeait et soutenait de son talent et de son dévouement la maison d'une très vieille institutrice, préparait avec zèle ses élèves à la première communion. Ses jeunes filles remportaient les premières places au catéchisme ; Louise très savante, était fort appréciée des catéchistes, bien que les notes qu'elle prenait aux instructions fussent illustrées de croquis humoristiques dont ils riaient les premiers. Elle leur composait de jolie musique pour les cantiques de circonstance, elle en faisait quelquefois les paroles. Les enfants l'adoraient.

» Après ses classes, elle allait faire la lecture à un vieillard aveugle et courait à la Bastille lorsqu'elle n'avait pas à visiter quelque malade ou quelque infirme. Toujours prête à rendre service et à ouvrir la main, même aux indignes, elle plaidait leur misère avec tant d'éloquence qu'on finissait toujours par donner ce qu'elle demandait. Elle avait une manière irrésistible de dire certaines phrases qu'elle soulignait d'un regard plein de reproches de ses yeux de velours, éclairant alors un front d'une blancheur nacrée, et couronné de cheveux châtains d'une extrême finesse.

» Quels ravages la passion et la folie ont faits sur ce visage ! Louise écrivait une bonne partie de la nuit; elle possédait des qualités éminemment poétiques, l'invention, le sentiment et le souffle; mais il lui manquait l'esprit de suite et la réflexion. Ce qu'elle a commencé de travaux est inimaginable; aucun, je crois, ne fut terminé. Elle avait cependant un certain ordre, mettait au net dans un livre de copies tous ces *commencements* de poésies ou de prose, laissant entre eux des pages blanches, qui ne furent, hélas! jamais remplies. Il y avait là des pensées puissantes et d'un grand jet. Entre les meilleurs morceaux, la *Mort de John Brown* est à citer.

» En dehors des travaux pédagogiques, ses qualités de prosateur sont médiocres; il faut de la mesure et de la suite pour bâtir la moindre nouvelle. Quelque brillante que soit l'imagination, cela ne suffit pas; il faut une fin qui se rapporte au commencement.

» Elle rêva cependant de faire un livre; et je crus, pendant plusieurs mois, qu'elle le mènerait à sa fin. Elle pensait, ce qui est vrai jusqu'à un certain point, qu'il n'est pas d'intelligence, si enfermée qu'elle soit dans la matière, qu'une autre intelligence, animée d'un grand amour du bien et d'une ardente volonté, ne puisse pénétrer d'un rayon. N'ayant point de goitreux sous la main, elle expérimentait sur les animaux, et quels animaux ! Une couleuvre, une tortue et une souris blanche, logées dans la cheminée de sa classe, dans un jardin de mousse soigneusement caché derrière le paravent, car la vieille institutrice, qui l'aimait beaucoup cependant, ne supportait guère ses enfantillages. Elle nous ensorcela si bien que nous commençâmes une espèce d'association pour donner une partie de notre temps à l'éducation des idiots. Nous comptions sur le livre pour attirer sur notre œuvre quelque chose de plus nécessaire encore que la bonne volonté ; hélas ! *les Lueurs dans l'Ombre* eurent à peine quelques chapitres, les premières pages en furent seules imprimées, sous le nom d'*Enjolras*. Les *Misérables* venaient de paraître, l'auteur les lui envoya par un pontife de la libre pensée, qui la mit en rapports avec les généraux en chef des *frères et amis*. De ce moment, la politique commença de troubler cette imagination vagabonde, et il n'y eut plus de malheureux sur la terre que le peuple. Il fallait instruire le peuple, écrire pour le peuple. Tant que la maison d'éducation de la rue du Château-d'Eau resta aux mains de la vieille institutrice, Louise ne voyait que rarement ses nouveaux amis ; mais les infirmités obligèrent la maîtresse de pension de céder. Louise la suivit et la soigna jusqu'à sa mort avec son dévouement ordinaire. Heureux de mettre la main sur une proie si facile, ces Messieurs lui procurèrent des leçons et commencèrent à s'en servir pour attirer d'autres *esprits avancés* parmi les femmes. Les républicains en manquent toujours. Un des professeurs de la Société d'instruction de la rue Hautefeuille, M. Francolin, s'en empara et la fit marcher, Dieu sait ! Il se faisait alors un grand mouvement scolaire. En dehors de l'utopie des femmes médecins et députés, les femmes vraiment instruites et pratiques essayaient de renouveler le mode d'enseignement, tout à fait insuffisant et défectueux. Nous souhaitions surtout établir l'enseignement oral, tel qu'il se pratique aujourd'hui dans les cours. Après quelques menées plus ou moins avouées, ces Messieurs de la rue Hautefeuille envoyèrent une circulaire à toutes les institutrices de Paris, les invitant à une conférence ayant pour but de s'entendre afin de chercher les moyens pratiques d'arriver au résultat désiré. Nous y allâmes en grand nombre. Des noms justement estimés pourraient être cités. Ces messieurs firent patte blanche ; chacune de nous souscrivit pour les premiers frais de l'association. Jour fut pris pour la lecture des statuts. Entre temps on se consulta, on se demanda : Où veulent-ils nous conduire? On alla écouter les statuts, mais la séance fut orageuse. On ne trompe les femmes que lorsqu'elles le veulent bien; nous découvrîmes le bout de l'oreille et l'école sans Dieu. Il y eut une troisième séance. Louise fut obligée de m'avouer qu'elles n'étaient pas dix. Elle n'en resta pas moins attachée à l'*Instruction populaire* et le Francolin lui persuada de recruter des institutrices pour faire des lectures aux femmes du peuple, après leur journée, dans tous les quartiers de Paris. Ce que nous tentâmes pour la dissuader de ce beau projet fut inutile ; elle fit des lectures à Montmartre et y commença sa carrière publique.

» De ce moment je la vis de moins en moins. J'en éprouvai un grand chagrin, mais je désespérais de la sauver. Elle prit une pension à Montmartre. Je la rencontrai deux ou trois fois aux examens et je la trouvai chaque fois plus descendue. Ses manières et son langage se ressentaient du milieu qu'elle hantait. La guerre vint. J'appris par la rumeur publique ses folies et ses crimes, et je ne puis penser à elle sans une douloureuse émotion. Il est toujours cruel de voir tomber une âme. Lorsqu'elle tombe par l'exagération de tant d'aimables qualités, cela est encore plus pénible. Je ne saurais assez remercier l'écrivain honnête homme qui flétrirait comme ils le méritent ces prétendus sauveurs de la société, ces amis du peuple, habiles à se servir des cœurs généreux qu'ils dupent, et qui ne craignent pas de répondre à ceux qui osent leur reprocher de perdre la vie d'une femme, et de s'en faire un drapeau : Que voulez-vous, il faut bien que quelqu'un marche en avant, il nous en faut comme cela pour entraîner les masses (Textuel).

» Aucun de ceux qui ont connu Louise, je parle du passé, ne pourrait l'accuser d'un défaut; elle n'a jamais eu l'ombre de coquetterie, elle vivait de rien, s'occupait constamment, soit de la main, soit de la plume. Ses amies seules avaient le droit de se plaindre des impôts qu'elle levait sur leur bourse, surtout après la mort de sa vieille amie.

» Elle arrivait à huit ou neuf heures du soir, après ses leçons et disait naïvement :

» — *Il* n'a pas dîné.

» Si le garde-manger était vide, un pot de confitures faisait l'affaire. Du café noir, quand il n'y avait que cela. Elle ne fit jamais, je pense, d'autre cuisine, elle ne vivait guère que de café. Elle en prenait en cachette, sa vieille amie couchée, et le fabriquait dans une cafetière fantaisiste cachée dans un coin de sa ménagerie.

» Toujours au dépourvu, avait-elle des lettres à écrire, elle les écrivait dans un coin.

» *Il* n'a pas de papier. *Il* n'a pas de timbre, et cela coûtait quelquefois plus cher que le dîner.

» Rarement elle empruntait de l'argent; il arrivait quelquefois qu'on lui en donnât pour un besoin urgent. C'était un tort. Il y avait toujours à sa porte un malandrin ou une drôlesse qui l'en débarrassait.

» Si maintenant elle dîne tous les jours, si elle porte une rotonde fourrée, c'est que quelqu'un s'occupe de sa toilette et de sa cuisine. Quant à l'argent qu'elle gagne, croyez que ce n'est pas elle qui en profite. Elle est incapable de gouverner même la bourse du Juif errant. »

Ici s'arrête le récit de ma collaboratrice.

A l'appui de ces notes, je dois publier les renseignements suivants :

C'est à VRONCOURT, *Haute-Marne, arrondissement de Chaumont, canton de Bourmont, que Louise Michel est née en* 1830, *le* 29 *mai, à* 5 *heures du soir.*

Voici d'ailleurs l'extrait de naissance qui a été relevé sur les registres mêmes de l'état civil :

N° 6
MICHEL
(Louise)

L'an mil huit cent trente, le vingt-neuf du mois de mai, à l'heure de huit heures du soir, par devant nous Etienne-Charles Demahis, maire de la commune de Vroncourt, canton de Bourmont, département de la Haute-Marne, est comparu Claude-Ambroise Laumond, âgé de quarante ans, docteur en médecine, domicilié à Bourmont, lequel nous a déclaré que le vingt-neuf du mois de mai, à cinq heures du soir, la demoiselle Marie, Anne *Michel*, femme de chambre,

9

demeurant au château de Vroncourt, est accouchée dans ladite maison d'un enfant du sexe féminin qu'il nous présente et auquel il donne le prénom de *Louise* et le nom de *Michel*, lesdites déclarations et présentations faites en présence de Joseph-Benoît Girardin, âgé de trente-quatre ans, coutelier, domicilié à Vroncourt et de Claude-Desgranges, âgé de trente-quatre ans, propriétaire, domicilié à Vroncourt et ont, le déclarant et les témoins, signé avec nous le présent acte de naissance après qu'il leur en a été fait lecture.

Demahis, A. Laumond, Girardin, Desgranges.

« Vroncourt, a-t-on écrit au *Figaro*, est un petit pays de 130 habitants environ, fort coquettement établi au flanc d'un coteau.

» Avec ses toits couverts les uns de lave, et les autres de tuiles, avec ses pignons blancs, il forme, sur le fond sombre des vergers, une mosaïque du plus piquant effet.

» Quant au château où est née Louise Michel et qui appartint autrefois aux Clermont-Crèvecœur, c'est une ruine.

» C'est un grand bâtiment carré, flanqué de quatre tourelles malades et assiégé par une végétation gourmande qui se glisse sous la porte mal jointe, et escalade sans peine les fenêtres. Quelques pots de moineaux sont suspendus comme des verrues aux murailles. Tout autour, un grand parc abandonné.

» La commune de Vroncourt et les petites communes avoisinantes, Conches, Audeloncourt, Gouvernes, Guermantes, sont pleines de légendes sur les origines de la célèbre anarchiste.

» Ainsi on y donne comme certain que sa mère a été livrée à la bestialité d'un châtelain *idiot*, dans le but d'améliorer l'état mental de celui-ci!!!

» D'où... Louise Michel. »

Elle avait vingt-trois ans quand elle tenta publiquement sa première œuvre politique.

Très connue dans le pays où ses débuts en poésie l'avaient fait appeler *la Muse d'Audeloncourt*, patronnée par M. et par madame de Froidefond, elle lança une souscription pour *la création d'un bureau de bienfaisance dans chaque commune, et de nouveaux chantiers et ateliers de travail en tous genres*.

Sur la première liste publiée par l'*Écho de la Haute-Marne*, le 27 septembre 1853, et dont je possède un exemplaire, on lit :

SOUSCRIPTEURS :

Mademoiselle Louise Michel.	100
Madame Adolphe Dormoy.	100

L'appel aux *philanthropiques populations* est suivi de ces vers qui n'ont jamais été publiés depuis :

Aux pauvres l'Humanité bienfaisante.

I

Silence dans les murs des cités bourdonnantes,
Silence : faisons taire un instant tous les bruits ;
Ecoutons attentifs ; parmi ces voix bruyantes,
    Peut-être on entendrait des cris !
Voyez : le bal emplit les salles rayonnantes
    De chants, de lumières ardentes,
    De parfums, de feux et de fleurs ;
Mais tout bas on entend des plaintes dévorantes ;
Et le Christ, se penchant sur les cités bruyantes,
    Sur nous laisse tomber des pleurs.

II

Sur l'Evangile saint, en sa nuit solitaire,
Le poète songeait : des ombres sur son front
Passaient et repassaient ; une étrange lumière
    Brillait dans son regard profond,
Et les ombres, prenant l'accent des voix humaines,
    Groupaient leurs hordes incertaines
    Autour de son obscur foyer ;
Leurs robes de vapeur, passant dans les ténèbres
Ainsi que des linceuls, avaient des plis funèbres.
    Leurs voix avaient l'air de prier.

Elles disaient : Poète, il faut prendre ta lyre,
Non pour mêler au bruit des cors et des clairons
Quelques appels guerriers, non pour aller conduire
      Les pas errants des nations,
Mais pour mêler aux cris de la joie oublieuse
      Ta plainte qui, silencieuse,
      S'élève vers les cieux ardents ;
Il faut que l'on t'écoute, afin que la misère,
Fantôme au vol funèbre, aille loin de la terre
      Porter ses hideux ossements.

Il faut que l'on t'écoute, afin qu'à la nuit sombre
Nul ne porte ses pas vers la Seine au flot bleu ;
Il faut que l'on t'écoute, afin que nul dans l'ombre
      Ne tire un poignard devant Dieu.
Nous étions autrefois dans la vie orageuse.
      La faim et la misère affreuse
      Toujours, toujours nous parlaient bas.
Et parce que la foule égoïste et frivole
Nous jetait en passant quelque dure parole,
      Il semblait que Dieu n'y fût pas.

Et la faim est, vois-tu, mauvaise conseillère ;
Un soir que le travail manquait comme le pain,
Le crime affreux s'assit auprès de la misère.
      Nous avions froid, nous avions faim !
Prie à genoux la foule, appelle à la croisade,
      Et debout sur la barricade,
      Tenant en main la sainte croix,
Dis à tous : Ce n'est plus le siècle de la guerre.

Combattons, mais le crime et l'horrible misère.
  Vas, que tous entendent ta voix.

Et le poète alors, devant le siècle impie,
Tomba sur ses genoux ; mais sa voix se perdait
Au milieu de vains bruits, et nul dans sa patrie
  En-passant, ne se détournait.
Alors le Christ fit faire un solennel silence,
  Que troublait seul le bruit immense
  Des voix qui demandaient du pain.
Alors riches, puissants, prêtres et grands du monde,
Apportèrent des dons comme une mer qui gronde,
  Depuis le Gange jusqu'au Rhin.

Et leurs dons transformés en ateliers sans nombre,
Bureaux de bienfaisance et chantiers, tous ouverts
A ceux qu'hier encor on entendait dans l'ombre
  Jeter leurs plaintes dans les airs,
Amenèrent la paix, la paix qui, chaste et belle,
  Revint nous prendre sous son aile ;
  Et le crime aux ongles de fer,
De contrée en contrée, errant et sans asile,
Et retrouvant partout la paix et l'Evangile,
  Vint s'ensevelir dans l'enfer.

III

Silence dans les murs des cités bourdonnantes,
Silence : faisons taire un instant tous les bruits ;
Écoutons, attentifs ; parmi ces voix bruyantes

Peut-être on entendrait des cris !
Voyez : le bal emplit les salles rayonnantes
De chants, de lumières ardentes,
De parfums, de feux et de fleurs ;
Mais tout bas on entend des plaintes dévorantes ;
Et le Christ, se penchant sur les cités bruyantes,
Sur nous laisse tomber des pleurs.

Louise Michel.

Audeloncourt, le 20 septembre 1853.

Aujourd'hui le Christ qui jadis laissait tomber des pleurs sur les malheureux n'est plus qu'un vil imposteur. Comme on change !

Le 25 octobre 1881, nous étions si nombreux au faubourg Saint-Antoine, dans la salle Baudin, que faire un seul mouvement eût été impossible. Jamais harengs n'ont été plus encaqués.

Au bureau, des gamins.

En style révolutionnaire, cela s'appelle *le groupe des jeunes travailleurs.*

Dans le jour, ils siègent rue Montmartre. Le soir, ils travaillent dans les clubs faubouriens.

Prix d'entrée : trente centimes.

Si nous déduisons du chiffre de la recette les frais de la salle, m'est avis qu'ils doivent gagner leur soirée.

Ordre du jour, ce soir-là : « Les martyrs de la Révolution », par la citoyenne Louise Michel, et « les enfants du peuple en Afrique », par divers orateurs.

Au début, grande désillusion.

Chacun n'était venu, comme moi, que pour la Théroigne de Méricourt de la République actuelle.

Or, elle a fait comme M. de Voltaire. Elle n'est arrivée qu'après le potage.

Vous comprenez bien qu'un premier sujet comme elle ne peut décemment ouvrir une réunion. Il lui faut une entrée.

Neuf heures.

— Place, citoyens ; ouvrez les rangs, s'il vous plaît. C'est la citoyenne Louise Michel !

Et l'on s'écarte. Par quel mystère ? Je me le demande. Il faut croire que nous étions tous en caoutchouc.

— Citoyens, fait le président, l'orateur répond certainement à votre désir en cédant la parole à la Grande Citoyenne !

Bravos. Trépignements. Vive Louise Michel !

Elle prend place à la tribune, une tribune trop basse. Soudain on a vu toute l'assistance grandir de dix centimètres. Chacun se tenait sur le bout des pieds.

— Savez-vous qu'elle embellit tous les jours ? murmurait-on autour de moi.

Ne soyons pas plus galant qu'il ne convient, et disons simplement que son succès quotidien l'a désenlaidie de réunion en réunion.

— Citoyens, fait-elle, les organisateurs de ce meeting m'ont priée de parler sur les martyrs de la liberté. Ce sujet sera toujours nouveau tant qu'il y aura des gouvernements.

— Oui, oui, bravo !

Naturellement je m'attendais à une apologie de la Commune. Pas du tout. Usée, la Commune !

A propos de la guerre tunisienne, mademoiselle Louise Michel se contente de reprendre les accusations qui ont aujourd'hui le don de soulever les applaudissements de la foule. Gambetta est sa tête de Turc. Ah ! il a eu une rude idée, le jour où il a demandé l'amnistie !

N'importe. Reconnaissons que le débit lent, froid, monotone, sépulcral de « la grande citoyenne » a conquis le peuple. Nier son succès serait mentir. Elle est le zouave Jacob de la populace. Passera-t-elle comme lui ?

En attendant, elle met, dans l'oreille des gens,

des phrases toutes faites, des thèmes abominables qu'on se répète.

Sous prétexte de socialisme, elle aide à la destruction de la société.

Au premier rang de l'assistance, aux places retenues, sont ses élèves qui demain iront prêcher, soit dans les réunions, soit dans les ateliers, soit au cabaret, le mépris du bourgeois, la haine du patron.

Et quelques jours après, autre scène.

— Orgeat, limonade, bière ! entend-on crier dans les couloirs, dès que l'on entre à l'Ambigu.

— Cinquante centimes; l'*Oraison funèbre* du nouveau ministère ! avons-nous entendu crier, durant une heure, le dimanche, 20 novembre suivant, à la salle de la Redoute. Achetez le *Roi borgne*. Citoyens, les ouvrages que je vous offre sont de la plus haute importance. Ils vous apprendront ce que c'est que le collectivisme, encore mal connu. Je livre à domicile. Ah ! pardon, citoyens, à mon grand regret, il ne me reste plus de *Roi borgne*. Mais si vous voulez les *Crimes des Papes*, l'*Infâme capital*, le *Droit des Pauvres*, *Mort aux Exploiteurs*.

Le crieur est soudain interrompu par un tonnerre d'applaudissements.

C'est, de nouveau, Louise Michel qui fait son entrée par la porte du public. Elle gagne l'estrade, d'où le citoyen Pierron demande qu'on forme le bureau.

Président : Le Tailleur. Assesseurs : Gandoin et... la citoyenne Jesselin.

Louise Michel a, tout d'abord, la parole. Elle n'est pas contente : « Elle aimerait mieux être dévorée par des lions que mangée par des porcs. Puis, elle voit toujours les mêmes têtes aux réunions, etc. »

Elle s'assied. Le président lit la lettre suivante qui a été adressée à M. Jules Ferry :

Monsieur,

Vous avez dit à la tribune : « Sont venus les meetings où l'on condamne les gens sans les entendre. » Je suis chargé de vous informer que le parti ouvrier des premier et deuxième arrondissements ouvrira, le 20 novembre, à une heure de l'après-midi, un meeting public, 35, rue Jean-Jacques-Rousseau, où vos actes seront jugés et où une place vous sera réservée.

Le président fait l'appel du citoyen Jules Ferry. Tout le monde se retourne. On cherche dans les coins. Pas de Jules Ferry.

— A Londres, reprend le président, M. Disraëli, le

Gambetta de l'Angleterre, daigne se rendre et s'expliquer dans les meetings. L'ex-ministre est sans doute au Bois.

Applaudissements. Le citoyen Bazin paraît à la tribune. Il en veut principalement à la Banque de France, qui gagne, au profit de quelques particuliers composant son conseil d'administration, plus d'un million par jour :

— N'est-ce pas l'État qui devrait gouverner cette Banque à notre profit à tous ? Citoyens, je vous invite à vous rallier au collectivisme. Il est honteux que certains individus gagnent des mille et des cents quand de pauvres gens suent tout un jour pour gagner trois francs. Il ne faut plus d'accapareurs. Il ne faut pas que des gens usurpent le travail des autres. Tout le monde doit travailler autant.

Ici grand tumulte. Une citoyenne, fort bien mise d'ailleurs, assise parmi les auditeurs, se lève et dénonce un voisin qui a donné des marques de désapprobation. Le voisin disparaît dans sa redingote. L'assesseur Gandoin a la parole. Changement à vue. Ce citoyen, que des auditeurs ont placé au bureau, serait-il un traître ?

— Citoyens, dit-il, on me sait républicain, mais je ne pense pas comme vous. ((Tableau !) La haine vous dévore. Je ne veux pas de fanatisme. La fièvre de vos convictions vous a perdus. Vous en êtes arrivés à reprocher à M. Gambetta son ventre. Est-ce de sa faute s'il est si gros? Nous n'arriverons au collectivisme que par l'instruction et la froideur de nos convictions. Pas de haine! Plus de fanatisme!

Louise Michel, prenant cette attaque pour elle, bondit sur l'estrade.

— J'accepte complètement, s'écrie-t-elle, ce reproche de fanatisme, cette accusation de haine. Oui, je hais! mais, entendons-nous, si je voudrais souffleter le maître, je n'en veux pas aux valets. Je n'en voulais pas à la foule ameutée qui me huait à Versailles, mais je hais ces gens qui, au lieu de tuer un homme et d'aller au bagne, en tuent des milliers et vont au ministère. Vous avez peur de l'insurrection. On la fera quand le peuple voudra et non quand la police en aura besoin. Allez dire cela au gouvernement de la fumisterie!

Ici un triste épisode. A cette hystérique a succédé un fou, mais un fou qualifié, celui que les coulissiers appellent le *fou de la Bourse*, M. Lemaire, l'ancien maire de Gisors, un pauvre homme dont le 4 septembre a perdu la raison et que le public blackboule.

En revanche, il acclame le citoyen Pierron

— On a parlé d'insurrection, dit celui-ci. On ne va pas de gaieté de cœur se faire trouer la peau. Il faut estimer les insurgés. Une foi ardente les pousse... La première révolution qui se fera sera économique. Déjà la bourgeoisie se demande : « Les millions dont je suis gavée sont-ils la propriété de moi seule ou de tous. » Les petits commerçants, qui vont au Mont-de-Piété pour payer leurs traites, sont avec nous. On nous accuse de vouloir le partage des biens. C'est insensé. Nous voulons le partage du travail. L'heure approche où bientôt la France sera la vraie, la seule nation du monde.

— Nous ne voulons plus du pétrole ! réplique le citoyen Gandoin. Chaque fois que la loque rouge se dresse, elle disparaît devant la pourpre du dictateur.

Et il se tourne vers Louise Michel qui, de nouveau, prend la parole :

— On déploie la loque rouge ! Cela me regarde, s'écrie-t-elle ; ne touchez pas à la Commune qui n'a touché à rien et qui a été d'une générosité folle. Vous ne voulez pas du pétrole. Eh bien, moi, je ne veux pas de la police.

Elle cède la tribune au citoyen Émile Gautier, qui ne vient pas précisément faire un appel à la concorde.

— Il faut, dit-il, haïr les choses haïssables. Nous

devons à la haine tout ce que nous avons eu de bon. C'est la haine de Rochefort qui a perdu l'Empire. Sur la place de la Bastille, il y a une immense apologie de la haine qui s'appelle la colonne de Juillet. Dans la vie, tout le monde se hait. On n'arrive que par la haine. Moi, je hais les soldats qui mitraillent, les prêtres qui souillent, les mouchards qui arrêtent, les juges qui condamnent.

Applaudissements frénétiques. Et pourtant le public se compose surtout de bourgeois, mais où n'est-il pas gobeur ? Il va gober à nouveau tout à l'heure le citoyen Pierron, qui veut la suppression des monopoles.

— On nous fait payer l'eau, infamie ! Et le gaz, qui devrait nous être fourni par l'État ! Mais ces gouvernements ont dû songer à mettre un impôt sur le soleil !...

Quand il se tait, la « grande citoyenne » regagne la tribune.

Elle veut bien nous assurer qu'il est faux qu'elle ait dressé, comme on l'a prétendu dans un journal, une liste de suspects :

La prochaine révolution sera seulement le chemin de fer qui passe. Elle écrasera sans choisir.

Merci bien, citoyenne !

Mais nous l'avons suffisamment entendue. Maintenant voyons-la agir.

Il y a un malheur. On aura du mal à croire à l'authenticité de ce qui va suivre. Nous affirmons pourtant que, malgré son invraisemblance, jamais récit n'aura été plus sincère.

Vous vous souvenez de tous les bruits qui couraient avant le 13 juillet 1882, date fixée pour l'inauguration du nouvel Hôtel-de-Ville. Le monument devait sauter pendant le fameux banquet municipal. C'était le secret de Polichinelle. La mère disait à son fils :

— Je t'en supplie, ne va pas dîner avec M. Grévy. Il s'agit de ton existence.

Inspiré par le proverbe : « Il n'y a pas de fumée sans feu, » j'ai voulu savoir s'il y avait vraiment *du feu*, où il brûlait et quelle était son intensité.

Il n'était certes pas gros, mais enfin il y en avait. Vous allez le voir sous ses cendres.

Et tout d'abord qu'il soit bien entendu qu'il n'a jamais été question de faire sauter l'Hôtel-de-Ville. Le parti ouvrier a trop besoin de ce monument, où il établira la nouvelle Commune.

Mais ce qu'on voulait, c'était faire une grande manifestation. Tous les collectivistes, rassemblés par Digeon (ne pas confondre avec Songeon), devaient se réunir à la place de la Bastille.

L'héroïne de la fête eût été, comme toujours, Louise Michel.

La grande citoyenne caresse à présent un rêve étrange, celui de promener dans les rues un immense drapeau noir. Pourquoi *noir*? Elle a expliqué cela le 18 mars 1882, à Belleville, salle Favié, au banquet anniversaire de la Commune :

— Plus de drapeau rouge, mouillé du sang de nos soldats. J'arborerai le drapeau noir, portant le deuil de nos morts et de nos désillusions.

Donc, nous étions menacés de voir, le 13 juillet suivant, ce gai drapeau flotter autour de la Bastille, puis se promener rue Saint-Antoine, rue de Rivoli, enfin faire le tour du nouvel Hôtel-de-Ville.

De là, on se serait rendu au Père-Lachaise pour déposer une immense couronne dans le coin du cimetière réservé aux fédérés.

Puis cela eût été tout. Seulement, la nouvelle de cette manifestation a fait, comme l'œuf du bon La Fontaine, dans la bouche des servantes. On en est arrivé à répandre le bruit de l'explosion prochaine de l'Hôtel-de-Ville.

Mais enfin pour que la manifestation projetée n'ait pas eu lieu, que s'est-il donc passé ? Ici, on va croire qu'on entre dans le domaine de la fantaisie. Tout est cependant scrupuleusement exact.

Louise Michel avait alors sa mère, qui, comme eussent fait bien des mères, n'approuvait qu'à moitié les projets de sa fille. La pauvre femme voyait toujours sa Louise entre les mains des agents, des soldats, emprisonnée, jugée, condamnée, exécutée peut-être.

Devant les citoyens qui préparaient la manifestation du 13, elle répétait :

— Louise, ne fais pas ça. A quoi bon ? N'en as-tu pas assez ?

Mais la grande citoyenne s'obstinait. Par malheur pour le parti socialiste, elle n'avait pas qu'une mère ; elle avait des chats aussi. Les noms ont-ils leur fatalité ? C'est bien possible. La vérité est que Louise Michel adore les félins, tout autant que son homonyme célèbre.

Les déportés se souviennent qu'en Calédonie elle en avait jusqu'à douze dans un immense cabas.

A Paris, dans son petit appartement du boulevard Ornano, elle en avait, en ce temps-là, plus de trente. Ses amis l'appellent d'ailleurs la mère des chats. Elle recueille, quand elle est en liberté, tous ceux qu'on abandonne. Elle sauve ceux qu'on veut jeter dans la Seine.

Bref, comme elle venait, le 12, au soir, de terminer son drapeau funèbre et comme elle persistait à vouloir faire sa manifestation, sa mère, à bout d'arguments, lui dit :

— Louise, mon parti est pris. Si tu vas demain là-bas, tu ne retrouveras pas en rentrant un seul de tes chats !

Cela était proféré sur un ton énergique et madame Michel mère était femme à tenir parole.

La manifestation fut décommandée.

Après tout, quand les oies ont sauvé le Capitole, qu'y a-t-il d'étonnant à ce que les chats aient sauvé M. Grévy ?

Outre son drapeau noir, outre l'art dramatique auquel elle a obéi en portant *Nadine* aux Bouffes-du-Nord, outre son amour pour les enfants, auquel nous devons, un recueil de jolis contes absolument dénués de politique, Louise Michel, dont le cerveau contient plusieurs mondes, a encore enfourché un autre dada.

Méfiez-vous. Une grande grève se prépare. Une grève imprévue. La grève des femmes ! Que vont devenir ceux qui se plaisent tant à chanter :

Les femmes, les femmes, il n'y a que ça !...

Mais ce n'est plus l'heure de chanter. Louise a

parlé. Taisons-nous sans murmurer. Nous n'avons que cela à faire.

Je dis simplement : Louise, parce qu'il faut bien s'exprimer comme tout le monde. Au début, on disait Louise Michel. Puis il fut question de la *grande citoyenne*. Aujourd'hui l'on dit : LOUISE tout court, et c'est juste le moment où elle permet qu'on l'appelle ainsi, qu'elle choisit pour se mettre en grève ! C'est abominable.

Cette cruelle déclaration a été faite le 8 août 1882, à huit heures et demie du soir, au « grand meeting socialiste révolutionnaire, organisé par la Ligue des femmes ».

Louise était à la tribune et voici en substance ce qu'elle a dit :

Citoyennes, dans le cœur de la femme, depuis la naissance jusqu'à la mort, on ne trouve que deux mots : « Dévouement, Idéal. » Les pères, les maris, les fils épuisent son dévouement. Les prêtres infâmes ont nourri de religion son idéal. L'heure est venue où ces choses doivent changer... La preuve que la femme est supérieure à l'homme, c'est qu'elle en a, toujours et malgré tout, fait ce qu'elle a voulu.

Eh bien alors ?

Seulement elle l'attire en bas par la prostitution au lieu de l'attirer en haut.

LES FEMMES DE LA COMMUNE

Aujourd'hui, le dévouement de la femme est pour le socialisme ; son idéal se tourne vers la révolution. Elle ne veut plus de guerre, plus de prostitution. Pour arriver au but, je viens vous proposer ici d'établir un comité de femmes, un comité *responsable* qui, par tous les moyens, — les plus efficaces et les plus violents, — organisera la désorganisation. La mère ne veut plus que les belles filles soient à la débauche et les beaux garçons au canon. Dût-elle les étrangler pour les ravir à ce double monstre, je serai avec elle.

On applaudit peu. On est surpris, intrigué ; on écoute. Dans la salle, il y a d'excellentes bourgeoises qui ne s'attendaient pas à entendre la vierge de la révolution parler tant de la débauche ; il y a aussi des mégères dont les yeux pétillent ; celles-là voudraient encore davantage.

— Par la grève des femmes, continue Louise, nous arriverons au résultat. *Quelques anciennes pétroleuses et moi*, nous avons juré de sauver la femme moderne, de l'arracher à la prostitution chère à Camescasse. Je vous convoque à venir toutes, citoyennes, le 27 courant, salle Lévis. Là, nous étudierons les moyens pratiques à employer. Il est bien clair que l'homme, quand la femme se mettra en grève jusqu'à ce qu'elle ait conquis son égalité, ne tardera pas à mettre les pouces. Quant aux fils de la femme, eux aussi commencent à se fatiguer de servir les tyrans. Déjà je suis en correspondance avec un grand nombre de conscrits qui ont en horreur le métier. Je leur conseille de changer de côté quand les tyrans leur commanderont de tuer les peuples et de se mettre avec les peuples pour tuer les tyrans !

Si nous étions, le jour indiqué, à la salle Lévis, il ne faut pas le demander.

Beaucoup de monde. Une armée de journalistes. De nombreux curieux, comme par exemple M. Léon Vasseur, l'auteur de la *Timbale d'argent*, venu là pour voir ce que c'est qu'une réunion publique.

Les orateurs se montrent un monsieur à lorgnon, à longs cheveux. C'est M. Henri de Lapommeraye. Un citoyen m'avoue que sa présence les gêne horriblement. La discussion devant être contradictoire, ils s'imaginent que Lapommeraye a l'intention de prendre la parole et de leur répondre comme il faut. Ainsi que je l'ai dit plus haut en parlant de la Désirée, la vérité est qu'il n'a jamais entendu ni vu Louise et qu'il a profité du voisinage pour s'offrir cette intéressante représentation.

Comme on doit commencer à *deux heures précises*, il n'est pas plus de trois heures quand la grande citoyenne monte à la tribune.

— Les présidents, dit-elle, n'ont jamais servi à rien. Nous n'avons donc pas besoin d'en élire un. Les orateurs parleront selon leur numéro d'ordre. Citoyennes, aux situations désespérées, il faut opposer des moyens désespérés. Mères de famille, ouvrières mariées ou non, la femme est esclave. L'heure est venue de nous révolter. Voilà pourquoi j'ai fondé la Ligue des femmes. Il faut que la femme soit libre. Pour cela, elle n'a qu'à se mettre en grève. Ne travaillez plus, ne vous livrez point. Plus d'ouvrières, plus de femmes perdues. Toutes en grève ! Les femmes qui répondent à mon appel ne sont pas compromises. Je brûle leurs noms et je les classe par numéros. J'ai déjà enregimenté beaucoup de pauvres créatures qui ont mené, hélas ! une existence épouvantable, mais qui m'ont écrit : « Nous ne voulons pas que nos filles soient comme nous... »

Il faut entendre Louise dire cela ! Quand elle parle de la débauche, on dirait qu'il lui sort des crapauds de la bouche. On sait que la grande citoyenne eût mérité, beaucoup mieux que certaine héroïne de Dourdan, la fameuse couronne.

Après divers orateurs, M. Desprez vient déclarer qu'il n'est qu'un ouvrier, que son métier lui suffit pour vivre, qu'il n'a pas de capital, il est vrai, mais parce qu'il n'a pas fait d'économies. D'après lui, l'économie est le dernier mot de la question sociale. Les femmes feraient bien mieux de rester chez elles.

Tolle général. On siffle. On hurle.

Louise bondit à la tribune :

— Et comment voulez-vous que l'ouvrière économise quand elle ne gagne même pas de quoi vivre ! Comment voulez-vous qu'elle reste à la maison quand elle n'a ni lumière ni pain ?

Mais M. Desprez ne se démonte pas. Il a la parole. Il veut la garder. Un citoyen demande que, vu le nombre des orateurs inscrits, on ne reste à la tribune que dix minutes au plus. (Adopté.) M. Desprez développe sa thèse. On le hue. Louise lui braque une montre sous les yeux. Les dix minutes sont écoulées. M. Desprez proteste. Il prétend qu'on l'a sifflé pendant cinq minutes et que ce temps ne peut compter. En sa qualité d'ouvrier boulanger, il a le droit de parler. Ce disant, il montre derrière la tribune une bannière que le bureau n'a pas encore remarquée et sur laquelle on lit : « Chambre syndicale des ouvriers boulangers de la Seine. » Elle a pour gardes du corps, — ô honte, — deux trapeaux *tricolores*.

On s'élance, on la décroche. On retire les méprisables drapeaux. Trois mégères enlèvent de la tribune le malheureux ouvrier boulanger.

— C'est affreux, s'écrie Louise. Nous prêtons à rire à la réaction. Nous ne sommes pas des comédiens.

Mais Desprez revient encore à la charge. La citoyenne Manière, qui a le malheur d'être bossue, se place de force devant lui et l'accuse d'être un traître. Selon elle, l'économie est impossible à l'ouvrière.

— La voilà cependant, l'économie, fait-il en désignant sa bosse.

On se tord, mais Louise reprend assez éloquemment sa thèse. Par malheur, la prêtresse de la Commune compte sans les passions humaines, ce qui enlève joliment de valeur à ses théories...

Et pourtant le mois suivant, la Commune voulut sa revanche.

C'est dans les prisons de Versailles que ses gardes-nationaux ont été enfermés. C'est dans la cité de Louis XIV qu'ils ont été jugés et condamnés. C'est à Satory que leurs chefs ont été fusillés. La jeunesse anarchiste conçut le rêve, plus dramatique que tangible, de faire triompher la Commune là où fut consommée sa défaite.

Elle y reçut, le 25 septembre 1882, de deux à cinq heures, une cruelle leçon, dont elle est malheureusement incapable de tirer profit.

Dans les clubs parisiens, le collectivisme peut se faire applaudir. Versailles est à peine la province. Par ce qui s'y est passsé, qu'on juge du succès que réserve la France aux idées anarchiques.

A deux heures, s'ouvraient les portes de la salle de Flore, une salle de bal située au n° 1 de la rue du Bel-Air.

A deux heures et quart, on n'eût pu y mettre un collectiviste.

Les affiches, il est vrai, annonçaient le concours de Louise Michel, et toute la bourgeoisie de Versailles voulait voir la *grande citoyenne*. On était même venu de Ville-d'Avray. Témoin M. Jules Claretie, descendu du chemin de fer tout exprès pour voir, du même coup et pour la première fois, une réunion publique et la Vierge rouge.

Partout des chapeaux, chapeaux de soie ou de velours. Autant de féminins que de masculins.

Un signe caractéristique : les spectateurs ne fumaient pas. L'infâme bourgeoisie a conservé le respect des dames.

Impossible de trouver une chaise.

Nous sommes forcés, l'auteur du *Million* et moi, de nous asseoir sur une table.

Le citoyen Godard, un convaincu, ouvre la séance. Il oublie devant quel public il parle, et dit :

— Nous ne voulons plus de l'autorité. Toute autorité est une oppression. Le jour où l'oppression est trop forte, vous vous révoltez. Alors, on vous fout dedans.

— Oh ! fait la salle.

— Choisissez un peu mieux vos expressions !

Dès ce moment, la bataille était perdue. L'orateur ne peut plus dire un mot. Le citoyen Émile Gautier lui succède.

— Citoyens, dit-il, si nous sommes venus dans la ville qui a failli être le calvaire et le tombeau de la Commune, c'est parce que nous avons senti que c'était vous surtout qu'il fallait convaincre... Versailles a une réputation sinistre qu'elle a malheureusement méritée.

Toute la salle se lève comme un seul homme.

— Vous insultez notre ville!

— Versailles a été le berceau de la liberté en 89.

— Vous oubliez le Serment du Jeu de Paume.

Malgré les huées, l'orateur ne se tait pas. Il crie, il hurle, mais ce n'est pas lui qu'on veut entendre, c'est Louise. On demande Louise Michel !

Elle paraît à la tribune, toujours vêtue de noir et son grand voile tombant derrière elle. Mouvement d'attention. Silence général.

— Je vous dirai d'abord comment je comprends le socialisme. Je ne veux plus de guerres. Je rêve une seule nation dont fera partie l'univers entier... Je veux la fin des ambitions locales et personnelles et le triomphe de la race humaine tout entière...
— Des mots ! s'écrie quelqu'un.
— Allez donc dire cela à Berlin! fait un autre.
— On me rappelle la Prusse, s'écrie-t-elle. Soit ! C'est devant les Prussiens, c'est à Sedan que la Commune a pris naissance, car nous avons eu avec nous autant d'indignés que de vrais socialistes. Et qu'on nous bénisse. Sans nous, tous les vautours de toutes les royautés se seraient abattus sur la France. Par malheur, nous avons été vaincus. Ce n'est pas pour le triomphe de gouvernants tels que ceux que vous connaissez que nous avons versé notre sang. Toutefois, je ne leur en veux pas. Ce ne sont pas eux qui sont mauvais, c'est le pouvoir. Je n'en veux qu'aux quinze de la commission des grâces. Ah ! de ceux-là je peux dire les noms. Les savez-vous? Les voici.

Et après avoir débité les quinze noms, elle ajoute solennellement :

« Quant aux soldats, JE LEUR PARDONNE ! ».

Jusqu'à ce mot, cela allait assez bien, mais la citoyenne entame la thèse du bonheur universel.

— Les moyens? lui crie-t-on.
— Vous n'êtes point pratique.

Elle a peine à dominer le tumulte. Elle comprend qu'il faut en finir. Elle demande l'attention pour le citoyen Gautier et lui cède la parole. Dans un exorde insinuant, celui-ci tâche de se faire pardonner son premier discours. On applaudit une phrase d'excuses, dédiée à la ville de Versailles. Encouragé, il reprend la guitare collectiviste. Il ne veut plus des 600,000 sangsues du fonctionnarisme.

— Les moy... ens? reprend-on à chaque mot qu'il dit.
— On me demande les moyens. Le premier d'entre eux est de reprendre le capital et de le mettre à la disposition de tous.

Impossible de donner une idée de la tempête que soulève cette phrase. Pendant un quart d'heure, on ne s'entend pas. L'orateur sue à grosses gouttes. Il invective la salle, qui se fâche et lui impose silence.

— Je demande la parole, s'écrie quelqu'un.

On se retourne. On reconnaît l'interrupteur. C'est M. Thiébaut, un Versaillais. Il monte à la tribune.

— Messieurs, s'écrie-t-il, moi aussi, je suis socialiste, mais voici de quelle façon : Pour moi, le bonheur public n'a que deux sources : le travail et l'économie ! (Applaudissements frénétiques.) 89 a abouti à nous donner un maître plus mauvais que celui que nous avions. De même 1830. De même 48. C'est pour cela que je dis : Plus de révolutions.

Mais, à leur tour, les quelques rares socialistes qui sont dans la salle protestent. Ceux qui avaient applaudi réclament. Une nouvelle bataille s'engage. C'est le brouhaha dans toute son horreur.

Louise paraît de nouveau à la tribune.

— L'orateur avait raison, dit-elle. Toutes les révolutions précédentes ont été insuffisantes, parce qu'elles étaient *politiques*. Chaque fois, il ne s'agissait que de mettre des hommes à la place d'autres hommes. Mais nous voulons, nous, la révolution *sociale*.

— Comprends pas ! fait un interrupteur.

— Expliquez-vous !... Oui !... Non !... Assez !

Le citoyen Godard juge nécessaire de venir au secours de Louise.

— D'ailleurs, fait-il, sans les révolutions antérieures, vous seriez encore des serfs.

— Et vous, vous êtes un daim !

— Mais la révolution sociale que nous rêvons est si complète qu'elle fermera l'ère des révolutions.

— Eh bien, mais alors, il n'y aura donc plus de progrès. Il faudrait de la logique.

A partir de ce moment plus de discours possible. Les interruptions se succèdent. Comme un orateur revient sur la question du partage des biens, on pense à la recette et on crie :

— Notre argent ! Notre argent !

Louise descend du bureau. On sort pour l'attendre à la porte. Les orateurs s'éclipsent. Les hommes s'en vont on ne sait où et abandonnent leur collaboratrice à la garde de quatre adolescents et de deux vieilles femmes. Dans la ville, s'est répandu le bruit de sa présence. A chaque coin de rue, on l'attend. Tous ceux qui étaient dans la salle la suivent en la huant. Des soldats, des centaines d'enfants se joignent au cortège. A chaque pas, on en a dans les jambes. Et pas un agent ! Louise a le tort de prendre une petite rue, menant à l'hospice. On crie : A l'hôpital ! A la Morgue ! On chante : *La mère Michel.* Cela devient un véritable mardi-gras. Enfin, on arrive à la gare. Un immense cri retentit : A bas la Commune ! La foule se précipite sur l'escalier.

Les employés affolés ferment les grilles, mais le guichet des billets reste forcément ouvert.

A grand'peine, nous perçons la foule. Nous arrivons sur le quai au moment où l'on colloque Louise et les deux mégères qui l'accompagnent dans un compartiment réservé.

Nous la croyions malade, évanouie peut-être.

Elle était toute souriante.

M. Jules Claretie, qui prépare une étude sur la grande citoyenne, me dit :

— Présentez-moi donc.

Je me risque. Louise nous donne l'hospitalité dans son compartiment.

Nous l'interrogeons sur son état.

— Bah ! nous dit-elle, j'en ai vu bien d'autres ! C'était aujourd'hui la première fois que je venais à Versailles depuis Satory. J'ai eu une telle émotion en arrivant que je n'étais plus capable d'en avoir d'autres. Puis, que m'importe le présent ! Je vois le but, l'avenir...

Et quelques minutes après :

— Oh ! regardez donc là-bas, derrière la grille, cette jolie petite fille. Comme elle est bien, sous ces grands arbres ! Ah ! nous aurons beau faire, nous ne ferons jamais rien de mieux que la nature.

J'étais stupéfié. Était-ce donc la même femme qui parlait?

Et, au grand étonnement de M. Claretie, elle développe sa théorie du bonheur universel. Ce sont d'abord les femmes, les enfants qu'elle voudrait convaincre. On croirait entendre une Velléda moderne.

Mais le train s'arrête.

— Ville-d'Avray ! crient les employés.

Jules Claretie est arrivé à destination.

Il descend du train.

— Mademoiselle, dit-il à Louise, je vous quitte avec l'impression du respect le plus profond.

Il la salue, s'éloigne, puis revenant :

— Je ne puis, dit-il, vous comparer qu'à Barbès.

Et le train se remet en marche.

Louise reprend :

— Quant à notre avenir, il est sûr. Seulement, il serait peut-être plus prompt si nous imitions les nihilistes et si une seule personne se dévouait pour supprimer un des hommes qui font obstacle. Si l'on veut, moi, je suis prête.

Oui, c'était bien la même femme.

Quatre mois après, le 9 février 1883, le peuple était invité à donner son avis sur la ridicule farce de la prétendue conspiration royaliste dont on parlait alors. Un meeting avait lieu rue de Charenton, 66.

Assemblée nombreuse. Louise Michel était sur le programme. Il fallait bien fêter sa rentrée dans sa bonne ville de Charenton.

Depuis quelques semaines, en effet, la Vierge rouge était devenue le commis voyageur de la révolution qu'on élabore toujours.

Elle s'était rendue d'abord à Lyon, où elle avait meetingué en faveur de Kropotkine, puis en Belgique et en Angleterre, où elle avait eu beaucoup, *beaucoup* de mal à se faire entendre.

Elle eut même, pendant ces voyages, à se plaindre de l'ingratitude de son parti.

A preuve cette lettre qu'elle adressa au commencement de janvier 1883 au journal la *Re-*

vanche, une feuille anarchiste sur la mort de laquelle pleurera qui voudra :

« Citoyens rédacteurs,

» C'est l'expression d'une vive douleur que je
» vous envoie.
» Quoi! pendant huit jours, les journaux de
» Londres ont bien voulu insérer tout ce qui,
» dans mes conférences, se rapportait à nos amis
» de Lyon, surtout à Kropotkine (très aimé à
» Londres), et pas un des journaux de Paris n'a
» parlé de cette sympathie !
» A quoi donc a servi mon voyage ?
» Si nos amis n'ont pu connaître ni l'intérêt
» qu'on a bien voulu leur accorder, ni l'estime
» qu'on éprouve pour leur courage, veuillez au
» moins insérer cette lettre, je vous en prie.

» Louise Michel. »

Les absentes aussi ont toujours tort.

Mais aujourd'hui au moins la citoyenne allait triompher.

On avait choisi pour salle du Trône la salle de la Rosière. On affirme que c'est la première fois que ce bal a mérité son nom.

A huit heures précises, Louise Michel est à la porte de la salle, mais elle met de la coquetterie à entrer. Elle ne veut prendre place au bureau que, lorsque sous l'épaisse fumée déjà envahissante, il n'y aura pas une place libre.

Physiquement, ses mésaventures en Belgique et en Angleterre ne l'ont pas changée.

Elle n'est pas plus amaigrie que si on ne l'y avait point sifflée, — pas plus engraissée que si elle n'avait bu ni faro, ni porter. Elle a toujours la même toilette, grand voile noir drapant une robe de mérinos noir.

Seulement elle porte sur le bras une rotonde doublée de fourrure.

Ce vêtement est un cadeau d'Henri Rochefort.

On est si pressé d'entendre la grande citoyenne que, dès la formation du bureau, on lui donne la parole.

Pas bête, Louise Michel. Il lui faut des sujets, — et toujours des sujets nouveaux, — pour donner du piment à ses réunions. Aussi fait-elle semblant de croire aux absurdes complots.

Il est vrai qu'elle leur donne une tournure imprévue. Selon elle, il n'y a eu conspiration qu'entre les seuls orléanistes :

— A quoi bon, dit-elle, un complot pour la monarchie blanche? M. de Baudry-d'Asson, lui-même, sait qu'elle n'est plus qu'une légende. A quoi bon un complot bonapartiste? Napoléon V, lui-même, — qui a crié trop tôt comme les oies du Capitole, — sait qu'il n'y a plus de bonapartistes. Les seuls comploteurs, les seuls qui puissent croire au succès, ce sont les orléanistes. Et pourquoi? Parce qu'ils ont tout le gouvernement avec eux. Ce gouvernement de guignols a l'air de tourmenter les princes qui en tiennent les ficelles; mais c'est pour mieux cacher son jeu.

Tout cela, très développé et ponctué d'acclamations. La grande citoyenne a retrouvé son peuple.

Peu importent ceux qui ont parlé après elle.

Il est pourtant intéressant de noter quelques propos d'un anarchiste du nom de Raoult, et surtout un incident assez caractéristique.

L'orateur flétrit Gambetta.

Une voix. — On ne touche pas aux morts.
Louise Michel. — Les morts appartiennent à l'histoire !
Raoult. — Mon interrupteur trouve sans doute qu'il y a des fumiers qu'on ne remue pas en public. Il veut que je ne touche pas à l'opportuniste? Je dis qu'il faut toucher aux royalistes, aux bonapartistes et aux capitalistes aussi. Il y a assez longtemps que les ouvriers travaillent pour les bourgeois. Il est temps que les bourgeois travaillent pour nous ! Les maisons du Louvre, la maison Potin et les Rothschild nous ruinent. J'affirme que jamais une révolution, si éprou-

vantable qu'elle soit, n'occasionnera plus de victimes que l'état social actuel.

Nous aussi, nous ferions bien d'organiser un complot, plus légitime que celui dont vous a parlé la grande citoyenne.

Formons un tribunal et disons à chacun : «Montrez vos mains » et tous ceux dont les mains ne seront pas calleuses, nous les condamnerons à mort !...

A mort ! mais sapristi, je me suis donné la mission d'être l'historiographe des *Survivants de la Commune*. N'ayant pas les mains calleuses, je gagne vite la porte sous les regards méprisants de l'orateur.

Et voilà comment Louise·Michel, escortée de ses séides, a fait en l'an de Ferrysme 1883 sa rentrée dans sa bonne ville de Charenton.

Mais on n'excite pas ainsi les masses sans provoquer des débordements d'opinions. L'hiver avait été très rude. Le travail manquait. Les ouvriers sans ouvrage furent invités par les anarchistes, — l'avant-garde de la révolution plus ou moins prochaine, — à se trouver le vendredi 9 mars 83 à deux heures de l'après-midi sur l'esplanade des Invalides. Là, on s'entendrait...

Il va sans dire qu'aussitôt la police fut mise sur pied. Et sur quel pied !

La manifestation populaire ressembla à ces batailles après lesquelles chacun des combattants rédige un bulletin de victoire.

Le soir, la police a pu se frotter les mains. Elle a triomphé sans trop de peine.

De leur côté, les ouvriers, qui ne voulaient que se montrer, ont eu le droit de se vanter de s'être trouvés suffisamment exacts au rendez-vous. Voici d'ailleurs le récit minutieux de la journée.

A dix heures du matin, l'esplanade des Invalides avait encore sa physionomie ordinaire. On y voyait bien quelques gardiens de la paix, et de rares ouvriers. Mais aucun groupe.

Dans le jardin de l'hôtel, au contraire, deux cents ouvriers à peu près contemplent les canons de Louis XIV, puis entrent dans l'hôtel même. Là, ils rencontrent d'autres anarchistes, dont les uns visitent le tombeau de Napoléon Ier, les autres la chapelle où l'on est en train d'enterrer un vieil invalide. Ils retirent leur casquette et écoutent pieusement un bout de messe. Singulière préparation à une manifestation socialiste !

Longtemps encore, ils attendront à l'intérieur de l'hôtel, lisant l'histoire de France sur les fresques de Benedict Masson. Le panneau de l'Établissement des Communes a dû les faire rêver.

Vers midi seulement, tous vont sur l'Esplanade.

Ils ne rentreront plus dans le jardin que quand la police les empêchera de stationner. Mais bientôt on en fermera les portes et cette retraite leur sera interdite.

Vers midi, le monde commence à venir. La police est des plus discrètes. Elle laisse circuler sur la vaste esplanade. Tout le temps, d'ailleurs, les voitures pourront aller et venir à l'aise. Mais des agents sont massés en nombre à l'entrée des six rues qui débouchent sur la place. Ils empêchent les groupes de passer.

La mairie de Grenelle est bondée d'agents, sous la direction de M. Pelardy, officier de paix ; M. Cuche, inspecteur divisionnaire, a établi son quartier-général au Palais-Bourbon ; M. Honnorat, officier de paix du service central, au ministère des affaires étrangères.

D'après les ordres de ces messieurs, dès qu'il y a un rassemblement de quelque importance sur l'Esplanade, un bataillon d'agents, largement déployé sur deux lignes, s'élance et disperse les groupes.

A un moment, l'un des agents repousse avec une grande brusquerie un monsieur fort bien mis, qui n'a pas le moins du monde les allures d'un anarchiste, mais qui proteste tout de même. On l'arrête. On va le mener au poste.

— Permettez, dit-il, je ne donnais pas des ordres si rigoureux quand j'étais préfet de police.
- Tableau. C'est M. de Kératry. On le relâche aussitôt.

Ici ou là, vont et viennent, ensemble ou séparément, MM. Camescasse, préfet de police, Caubet, Schnerb, Macé, Clément.

Après des moments de trouble, l'Esplanade offre parfois l'aspect le plus calme. Très étrange, ce contraste. Nous voyons passer M. Keller, ancien député, qui rentre chez lui fort tranquillement.

Par instants, M. Blavier, officier de paix, à la tête de ses hommes, charge la foule. Il faut reconnaître que les gardiens de la paix ont vaincu la manifestation par des chefs-d'œuvre de stratégie.

A une heure et demie, un groupe nombreux, débouche du pont des Invalides et passe devant la Manufacture en chantant la *Marseillaise*. Vers les manifestants, s'avance un bataillon de gardiens de la paix. Un autre bataillon les prend à revers. En moins d'une minute, toute la cohorte est jetée dans une rue adjacente.

Puis, un nouvel entr'acte absolument calme. On cause. On rit, bien que l'on ait les pieds dans la neige boueuse. On se montre le député Fauré, puis M. Pieyre, député royaliste du Gard, M. Georges Berry. On se les montre même beaucoup trop. On n'a pas manqué de dire le lendemain, que ce sont eux qui ont organisé la manifestation. Ne sont-ce pas les bonapartistes qui ont mis le feu à Paris en 71 ?...

A deux heures, un grand bruit se produit du côté de l'eau. Jusqu'à ce moment, on n'a encore aperçu aucun personnage officiel du parti anarchiste. Ce doit être l'état-major qui approche.

Précisément. Nous allons voir une fois de plus la grande citoyenne. Elle a donné rendez-vous à ses amis près de l'Hôtel-de-Ville. La voici avec eux. Ils la poussent, comme ferait une forte vague, vers la rue Fabert. En face de cette rue, un courant contraire l'arrête.

— Mes amis, dit-elle, la manifestation que nous faisons aujourd'hui a pour signification : Droit au travail. Mais, serrez-vous les uns contre les autres, ne nous laissons pas mener à l'abattoir comme des moutons. L'heure est venue d'opposer la force populaire à la force publique.

Le citoyen Lucas répète ces paroles à la foule. A peine a-t-il prononcé les derniers mots, deux forts bataillons de gardiens de la paix viennent, l'un du côté de l'eau, l'autre du côté de Grenelle. Entre ces deux mouvements, les manifestants sont serrés, refoulés. Tous fuient! Ils disparaissent par l'avenue de Latour-Maubourg. Où vont-ils? Ici, nous allons raconter les incidents les plus lamentables de la journée, les seuls qui aient eu des conséquences graves.

Louise Michel, accompagnée d'à peu près deux cents hommes, opère son mouvement de retraite.

Elle gagne la rue de Sèvres. A l'entrée de cette rue, stationne une voiture armoriée, qui gêne la marche du pauvre peuple! C'est, nous dit-on, celle de madame Legonidec de Traissan. On la brise. Un ouvrier court après Louise Michel et lui présente un drapeau noir, — son drapeau favori. Elle le prend et se met en tête de la colonne. Rue des Canettes, on rencontre une boulangerie.

— Du pain! crient les manifestants.

Quelques-uns d'entre eux pénètrent dans la boutique. Le boulanger, effrayé, leur donne ce qu'ils veulent. Ils partent et arrivent rue du Four.

Au n° 13, nouvelle boulangerie, nouvelle scène de tumulte. « Du pain! du pain! » La boulangère, madame Augereau, veut fermer sa boutique.

Ils serrent la pauvre femme contre la porte au point qu'elle en souffrait encore le lendemain. Ils font pour 80 ou 90 francs de dégâts, prennent du pain, des gâteaux, et continuent leur route.

Boulevard Saint-Germain, 125, chez M. Morisset, boulanger-pâtissier, même scandale. Ils prennent pour 50 francs de pain et de gâteaux; ils paient en cassant les assiettes.

A l'angle de la place Maubert, des gardiens de la paix se précipitent sur eux. Les habitants du quartier encouragent par leurs applaudissements la police. Un agent s'empare du drapeau noir dont Louise Michel reposait la hampe sur le sol pendant le sac des boulangeries. D'autres saisissent quatre des séides de la citoyenne qui se sauve du côté de la Seine, toujours suivie de ses partisans.

Elle arrive devant la Morgue. Un fiacre à quatre places passe à vide. En une minute, le cocher est descendu de son siège, un anarchiste le remplace pendant que Louise et ses amis s'installent dans le véhicule.

Et, fouette, cocher!

Louise Michel partie, l'esplanade des Invalides n'avait plus aucun intérêt. On a beau vouloir manifester, ce n'est pas amusant d'être sans cesse foulé et refoulé et d'en être réduit à glisser entre les gardiens de la paix comme le poisson entre les mailles d'un filet. Il faut trouver autre chose.

Presque instinctivement, trois mille anarchistes se dirigent vers l'Élysée, en passant par l'avenue d'Antin et la rue Matignon. L'avenue de Marigny est barrée par les agents.

A leur approche, tout le poste de l'Élysée, qui a été doublé pour la circonstance, se place devant le palais, dont le préfet de police et M. Clément dirigent la défense.

A la hauteur du n° 71 du faubourg Saint-Honoré, une forte escouade de gardiens de la paix s'élance et repousse les ouvriers.

— Du travail ou du pain ! crient ceux-ci.

Tout le quartier prend peur. Les boutiques se ferment. En revanche, les fenêtres des étages s'ouvrent et se garnissent. L'anxiété est sur tous les visages. Évidemment, on ne s'attendait pas à la visite des anarchistes.

M. Camescasse va et vient, du poste de l'Élysée à la grille du ministère de l'Intérieur. Un procureur de la République semble par moments lui donner des conseils.

De nouveau, les ouvriers se rassemblent et reviennent vers le palais. A la tête d'une seconde escouade de gardiens de la paix, M. Cuche les repousse.

11.

Les gardiens de la paix font quelques prisonniers. Malgré cela, les anarchistes avancent encore. Un moment, Paule Minck est à leur tête, brandissant un revolver. Un omnibus qui ne peut pas bouger vient en aide aux agents. Sans cet omnibus qui a fait barricade, c'est peut-être dans la cour du palais que se serait terminée la lutte.

Les gardiens de la paix se mettent en triangle au coin du faubourg et de l'avenue de Marigny. Je vois sortir du palais le général Pittié en civil. Il examine le champ de bataille et paraît fort rassuré.

Les agents d'ailleurs arrivent en nombre. Ils mettent le sabre nu, dans le seul but d'ôter aux anarchistes le désir de venir voir à l'Élysée si, du bal de la veille, il ne reste pas au moins quelques sandwichs.

Arrive d'autre part la garde républicaine à cheval qui, depuis le matin, se tenait sous les armes.

C'est fini.

Ici je suis forcé de prendre la parole pour un fait personnel.

Le lendemain, vingt journaux parisiens racontaient qu'on m'avait vu dans les groupes, couvert d'une superbe fourrure, excitant les anarchistes, criant : A l'Élysée !|

Je ne fus pas seul compromis. Depuis près de treize ans, j'ai l'honneur d'appartenir au *Figaro*. On en arriva à dire que la manifestation était l'œuvre de ce journal. On fit tant et si bien que le rédacteur en chef du *Figaro*, M. Francis Magnard se vit contraint de publier en première page l'article suivant :

LE MEETING ET LE « FIGARO »

Nous n'avons pas l'habitude de relever les niaiseries venimeuses que nos confrères débitent contre nous, mais nous ne pouvons cependant laisser dire par les journaux que le *Figaro* a organisé — comme on a eu l'audace de l'imprimer — ou même simplement excité la manifestation du 9 mars.

Cette bêtise, ramassée dans quelques papiers d'antichambre ministérielle, va faire son tour de presse : et des journaux réputés sérieux, comme la *République française*, les recueillent pieusement. Le bon public finirait par croire que vraiment Louise Michel et le journal le *Citoyen et la Bataille* sont nos complices, et que notre caissier a donné quarante sous à chaque manifestant.

Nous ne voulons pas laisser à la presse domestiquée la satisfaction de colporter ces bruits ridicules. Nous devons à nos lecteurs et à nous-mêmes de les démentir hautement. Comme nous le disions hier, l'affaire se passe entre deux sortes de républicains, ceux qui sont nantis et ceux qui ont faim, et à qui l'on a fait accroire que la République serait une ère de prospérité et de jouissance inépuisables.

Ce n'est pas notre faute si le programme des hommes de Septembre a été menteur, comme tous les programmes.

Les gens au pouvoir auront beau se débattre, il y a derrière eux un parti de mécontents qui les pousse, qui les renversera peut-être, mais auquel nous ne pensons pas que des conservateurs doivent jamais s'associer, sous quelque prétexte que ce soit.

La manifestation du 9 mars est bien d'origine anarchiste; le journal de M. Lissagaray et une publication communarde suisse l'avaient annoncée sans qu'on y prît garde; nous l'avons signalée à notre tour, — comme c'est la besogne et le devoir d'un journal — nous en avons suivi les péripéties, et nous recommencerons demain s'il le faut; quant à nous trouver mêlés d'une façon active à des émeutes quelconques, nous défions la mauvaise foi la plus acharnée — celle de nos confrères par exemple — de nous en convaincre.

On a représenté notre excellent collaborateur,

M. Chincholle, comme pérorant dans les groupes, orné d'une « superbe fourrure ». L'idée de cette fourrure évidemment offerte par les anarchistes, le charme, et, par le vent d'est qui souffle, il serait enchanté de s'en revêtir, mais la vérité l'oblige à déclarer qu'il se contente d'un simple pardessus. On s'est donc trompé et la fourrure accusatrice ne sortait point du *Figaro*.

F. M.

Malgré cet article, la nouvelle passa de Paris en province et même à l'étranger.

On parla de ma prétendue fourrure plus qu'on ne le fait d'un chef-d'œuvre. Aujourd'hui encore, — après deux années et malgré les démentis, — je reçois des lettres anonymes dans lesquelles on me reproche de manger à deux râteliers et d'être à la fois légitimiste et anarchiste. Certains correspondants ont l'air d'envier ma fortune !

Il est temps que je m'explique une fois pour toutes sur cette absurdité.

Je ferai des aveux.

La fourrure a existé, mais pas sur mon dos qui ignore cet ornement. Quelqu'un pourtant l'a portée sur le sien. Ainsi se trouve justifié, une fois de plus, le proverbe d'après lequel il n'y a pas de fumée sans feu.

On a vu en effet un grand garçon bien vêtu qui, soit par conviction, soit pour s'amuser, se mêlait aux groupes anarchistes et leur disait : Allez donc à l'Élysée !

Quelqu'un lui demanda ce qu'il faisait là, avec sa fourrure, au milieu des ouvriers sans ouvrage.

Il répondit : « Je suis du *Figaro*. »

Beaucoup de gens se disent de ce journal...

Or, comme pour les manifestants le rédacteur du *Figaro* qui s'occupe des meetings n'est autre que Chincholle, on en vint à dire que Chincholle excitait les anarchistes à aller à l'Élysée.

— Pas possible !

— Je l'ai vu. Il a un paletot de fourrure.

Le mot fut entendu par un confrère qui débutait dans une feuille républicaine. Il recueillit la nouvelle. On sait le reste. Huit jours après, des journaux sérieux s'étonnaient qu'on ne m'eût pas encore arrêté.

Et voilà comment à Paris on devient célèbre à peu de frais. Je ne me consolerai jamais d'avoir dû une si grande réclame à un paletot de fourrures qui se promenait sur le dos d'un vaniteux quelconque.

Et le lendemain de la manifestation, le samedi 10 mars, tous les organisateurs de l'émeute ratée étaient, à huit heures du soir, salle du Pont-d'Austerlitz.

Ils avaient bel et bien provoqué un nouveau

meeting public et gratuit, mais en un lieu clos et couvert, et par conséquent interdit à la police.

L'ordre du jour portait : Protestation contre l'emploi de la force à l'Esplanade des Invalides.

La réunion promettait d'être particulièrement intéressante. Elle l'a été.

Le citoyen Montant ouvre la séance en donnant la parole à son camarade Cortellier. Après s'être plaint de la police, l'orateur continue ainsi :

— Et ce n'est pas assez d'avoir été bousculés, menacés par des argousins, il a fallu que des journaux, qui se disent républicains, nous accusent de conspirer avec les monarchistes. Oui, ce ne sont pas seulement les feuilles de l'Elysée qui ont lancé cette bourde, ce sont le *Mot d'Ordre*, l'*Intransigeant*, la *Lanterne*, le *Réveil*.

Ce sont ces faux frères qui, quand nous sommes écrasés sous le chômage, menacés de la famine, viennent encore nous jeter cette infamie à la face. Infamie et calomnie à la fois, car ils savent bien que nous aimerions mieux souffrir sous la République qu'être heureux sous une Monarchie !

Nous, vouloir faire le jeu des monarchistes ? Et nous reprocher cela à l'heure où nous venons dire aux bourgeois, aux conservateurs, à tous les monarchistes et bonapartistes du monde : « C'est nous qui avons produit la richesse sociale. Nous voulons notre part !... »

Le citoyen Jamin demande la parole. Dès les premiers mots qu'il dit, on voit qu'il en a gros sur le cœur. Il sait que toute la presse est dans la salle. Il veut que ceux qui ont répandu les bruits absolument grotesques, signalés par le citoyen Cortellier, montent à la tribune et s'expliquent.

Nos confrères républicains pensent très justement que la tribune d'un journaliste, c'est son propre journal. Ils restent à leur place. La parole est au citoyen Laguerre. Ne pas confondre avec le député du même nom.

Le citoyen Laguerre voudrait la paix pour le lendemain.

Il donne communication du document suivant, qui a l'approbation de ses amis :

Attendu que la police est résolue à tout crime et qu'elle est organisée pour cela ;

Attendu qu'au contraire nous ne saurions nous organiser convenablement en vingt-quatre heures ;

Nous croyons devoir renoncer à nous réunir demain dimanche sur la place de l'Hôtel-de-Ville, et nous proposons de remettre notre deuxième grand meeting à la date solennelle du 18 mars.

Ce meeting, auquel nous nous rendrons de nouveau sans armes, aura lieu sur le Champ de Mars, en face de la troupe !

— Bravo ! Bravo !

— Je propose également d'engager tous nos amis à organiser de leur côté, à l'occasion du même anniversaire, un meeting semblable dans toutes les villes de France !

Redoublement d'acclamations.

Un citoyen demande à lire une lettre de Louise Michel, qui avait promis d'assister à la réunion.

— Lisez !

Il lit :

Mes chers amis,

Il paraît que la police a préparé pour ce soir une petite scène d'enlèvement. Excusez-moi de ne pas aller au milieu de vous. Si la police veut me parler, qu'elle me convoque. Je me rendrai devant elle, mais je ne veux pas lui donner le plaisir de m'arrêter.

LOUISE MICHEL.

Un citoyen m'apprend qu'en effet, Louise Michel, sous le coup d'un mandat d'amener, a quitté son domicile, où sa mère seule est restée.

Elle est, dit-il, chez une amie qu'on ne peut soupçonner.

La proposition du citoyen Laguerre n'est acceptée que dans sa seconde partie. Il reste convenu qu'on ira le lendemain sur la place de l'Hôtel-de-Ville, à neuf heures du matin et qu'un autre meeting aura lieu, à la même heure, sur la place de la Nation.

Un citoyen fait voter que le 18 mars, pendant que les hommes se rendront au Champ de Mars, les femmes et les enfants iront demander du pain sur la place de l'Hôtel-de-Ville.

Après la protestation du citoyen Cortellier, après l'ordre du jour du citoyen Laguerre et la lecture de la lettre de Louise Michel, la réunion ne pouvait plus avoir aucun intérêt.

La presse se retire en bon ordre.

On m'a souvent parlé des dangers que je courais en allant ainsi dans les réunions. C'est ce jour-là, au moment même où je cherchais à sortir, que je me suis vu exposé au seul danger que j'aie dû à ma profession.

Je n'en parlerai que pour remercier publiquement deux sauveteurs anonymes et un de mes confrères.

Plusieurs de ceux qui, la veille, ont pris part au sac des boulangeries me reconnaissent. Tant que je n'ai fait que citer leurs élucubrations, ils ne m'en ont point voulu. Quelques-uns même ont peut-être été flattés. Mais j'avais, le matin, parlé de leurs déprédations ! J'étais devenu un criminel...

Une dizaine d'anarchistes me poursuivent, le

poing levé. Que se serait-il passé ? Dans de pareilles situations, on ne se rend compte de rien. Un vague instinct vous dit seulement qu'il faut tout d'abord songer à sauvegarder sa dignité. En ce moment, deux citoyens me saisissent chacun par un bras. Étaient-ils amis ou ennemis ? Le confrère que je vais nommer prétend que l'un au moins voulait me jeter dans la Seine. Autour de moi, en effet, on criait : « A l'eau ! » Je suis cependant certain d'avoir entendu l'autre me dire tout bas : « Laissez-vous conduire, citoyen, il ne vous sera rien fait. » Qu'ils l'aient voulu ou non, ils m'ont toujours sauvé. Derrière moi, une voix criait : « N'approchez pas ou je tire » Je sens l'air me frapper au visage. J'étais dehors. Des gardiens de la paix se trouvaient devant la porte. Les deux citoyens, sans attendre mes remerciements, rentrent dans la salle. Je me retourne. Derrière moi, était l'excellent Berr, de la *Liberté*, un ancien soldat qui n'a pas froid aux yeux et qui avait le revolver au poing. C'était lui qui, en marchant à reculons derrière moi, et en faisant éventail avec son revolver, m'avait protégé contre les poings menaçants.

Mon gros Berr, merci.

Mais je reviens à notre héroïne.

Un jeune ami de Louise Michel, M. Giffaut, de

l'*Intransigeant*, qui fut arrêté en même temps qu'elle en 1871, et qui revint avec elle de Calédonie, s'était rendu le matin à sa demeure, 45, boulevard Ornano.

Il demanda à la citoyenne comment elle comptait passer la soirée.

— Mais nos comités ont organisé quatre réunions pour ce soir. Il faut que j'aille dire au moins quelques mots dans chacune.

— Pour qu'on vous y arrête ? Jamais de la vie. Un mandat d'amener est lancé contre vous. Placez-vous là et écrivez aux quatre réunions.

On se concerta quelques minutes, et elle rédigea quatre lettres. L'une d'elles est citée plus haut.

La dernière enveloppe cachetée, Giffaut mit sa vieille amie en voiture. Après l'avoir conduite à l'*Intransigeant* où elle dîna, il la mena dans une maison sûre où il y avait une chambre libre. On fit courir le bruit qu'il l'avait conduite à la gare du Nord, et que là, il avait pris deux billets pour Bruxelles. Les voyageurs s'étaient arrêtés en un endroit où personne ne pouvait soupçonner la présence de la citoyenne.

On comptait l'y garder six mois.

Louise Michel, qui comprenait, disait-on toujours, que sa retraite était nécessaire au salut de ses amis, allait dans le silence et loin des troubles politiques, donner un pendant à *Nadine*.

On annonçait déjà, la *Fille du peuple*, drame en cinq actes.

Pendant ce temps M. Camescasse avait au ministère de l'intérieur un long entretien avec M. Waldeck-Rousseau.

En prévision de tout événement, on prenait pour les jours suivants des mesures de police encore plus énergiques que celles de la veille.

Quant à Louise, la vérité était que M. Giffaut l'avait conduite au domicile d'un de ses collaborateurs de l'*Intransigeant*, M. E. Vaughan, 26, rue Censier.

La police fut aussitôt mise en mouvement. A partir de ce moment, ce fut un roman héroï-comique.

Des agents restèrent à demeure devant la maison de l'inculpée.

D'autres battirent ou plutôt crurent battre tout Paris.

Puis, comme il faut que l'honneur de M. Camescasse soit sauf, la police fit annoncer que Louise Michel s'était réfugiée en Suisse.

Or, chaque nuit il se passait ceci :

M. Vaughan et la citoyenne sortaient du n° 26 de la rue Censier, montaient en voiture et se rendaient boulevard Ornano, chez madame Michel mère.

Seulement Louise qui, pendant la Commune, se battait, vêtue en homme, et qui sait porter nos vêtements, avait une redingote et un chapeau mou. Les agents étaient toujours postés devant sa maison, mais comme ils avaient l'ordre d'arrêter une femme, ils la laissaient passer sous son costume masculin.

O adorable police !

Une heure après, la voiture revenait rue Censier et le tour était joué. Je garantis absolument la vérité de ce renseignement et de ceux qui vont suivre.

Le motif pour lequel on voulait arracher Louise aux conséquences du mandat d'amener était que madame Michel mère se trouvait depuis longtemps malade. Elle était septuagénaire et paralytique. D'après M. Clémenceau qui la soignait, le moindre coup l'eût tuée. On tenait donc à ce qu'au moins l'arrestation de sa fille n'eût pas lieu sous ses yeux.

Les amis mêmes de Louise disent qu'elle est un vrai diable. M. Vaughan eut la plus grande peine à la retenir. Il fallut toute l'autorité qu'a sur elle M. Rochefort pour que, dès le premier jour, elle n'allât point partager le sort de ceux de ses amis qu'on n'avait pas manqué d'arrêter.

On la retint par des raisons de sentiment. Puis elle faisait alors un roman qui paraissait par livraisons. Elle avait de la copie à livrer, quelque argent à toucher. On lui persuada qu'elle assurerait, en travaillant tranquillement, l'existence de sa mère.

Elle resta, mais, quelques jours après, parurent dans un journal des renseignements, d'ailleurs apocryphes, qui la mirent en fureur. On la dépeignait comme s'inquiétant de sa sûreté personnelle. A partir de ce moment, la vie de M. Vaughan ne fut plus qu'un enfer.

Louise pleurait, se fâchait. Elle voulait aller se livrer... au directeur de Saint-Lazare !

Le jeudi 29 mars, M. Vaughan n'y tint plus. A six heures du soir, il l'accompagna à la préfecture de police et demanda M. Camescasse. Le préfet fit répondre qu'il n'était pas visible. On demanda M. Puybaraud. Il était absent. Sur la carte de M. Vaughan, carte portant l'adresse de celui-ci, la citoyenne écrivit :

Louise Michel tenait à n'être arrêtée ni chez sa mère, ni dans une réunion publique. Elle a terminé certains travaux et assuré le sort de sa mère. Elle vient aujourd'hui se mettre à la disposition de M. Camescasse.

Elle tendit cette carte à l'huissier, puis se retira au bras de M. Vaughan. En plein jour, alors, elle se rendit chez sa mère, puis, du boulevard Ornano, revint rue Censier.

Le lendemain matin, à huit heures, madame Vaughan ouvrit sa fenêtre. Il n'y avait pas à s'y tromper, deux agents en bourgeois se promenaient sur le trottoir opposé. Vint M. Giffaut, qui savait que sa vieille amie voulait retourner à la Préfecture de police. Après le déjeuner, il alla chercher une voiture. Il était dix heures un quart. M. Vaughan descendit avec Louise. Il donna au cocher l'adresse de la Préfecture. La voiture allait se mettre en marche. Les agents s'élancèrent.

— Nous avons, dit l'un d'eux, l'ordre d'arrêter mademoiselle Louise Michel.

— Avez-vous un mandat d'amener? demanda M. Vaughan.

— Non.

— Alors je ne vous reconnais pas le droit de procéder à l'arrestation. Laissez la citoyenne se constituer elle-même prisonnière. Nous allons à la Préfecture. Pour tout concilier, montez, si vous le voulez, sur le siège.

Les agents obtempérèrent, — à la grande gêne

du cocher, qui avait ainsi un homme assis à côté de lui et un autre, debout, sur le siège !

Rue Monge, devant une lanterne rouge, la voiture s'arrêta. Les agents descendirent.

— Nos ordres, dit l'un d'eux, sont de conduire mademoiselle au commissariat le plus proche.

M. Vaughan protesta énergiquement, mais, la foule s'amassant, il préféra s'expliquer au commissariat. Le magistrat, M. Lévy, un homme fort aimable, paraît-il, invita l'inculpée et ses amis à s'asseoir.

— Je me permets de trouver, dit M. Vaughan, la conduite des agents plus qu'inopportune, illégale. Nous nous rendions directement à la Préfecture, mais devant ce qui se passe, nous réclamons un mandat d'amener.

M. Lévy envoya chercher des ordres complémentaires. Pendant une heure et demie, les trois personnes attendirent dans son bureau. A la fin, les agents revinrent. Ils prirent à part le commissaire et s'entretinrent quelques minutes avec lui. Il rentra en disant :

— Les agents ont l'ordre de conduire mademoiselle à la Préfecture.

MM. Vaughan et Giffaut se levèrent.

— Non. Mademoiselle *seule*, dirent-ils en appuyant sur ce dernier mot.

A bout de patience, ils embrassèrent Louise et prirent une autre voiture.

Arrivée dans la cité, l'inculpée fut conduite, non à la Préfecture, mais au Dépôt.

MM. Vaughan et Giffaut demandèrent le procureur de la République. Ils furent reçus par son substitut, devant qui ils protestèrent contre le mode d'arrestation.

— Il est absolument légal, répondit celui-ci. Quand les agents savent qu'un mandat d'amener est décerné contre quelqu'un, ils ont le droit de l'arrêter sans ordres complémentaires. Le seul tort des agents est de n'avoir pas procédé à l'arrestation, hier, à la Préfecture. Mais quelle singulière idée a eue votre amie de se constituer prisonnière. Nous la croyions à Genève!

Les deux intransigeants se rendirent ensuite auprès de M. Barbette, juge d'instruction, et le prièrent de procéder le plus tôt possible à l'interrogatoire de leur amie.

— Je vais l'interroger immédiatement, dit-il.

Il la convoqua, en effet, à l'instant même. Il était quatre heures. A sept heures, l'interrogatoire durait encore.

Louise Michel était prévenue d'excitation au renversement du gouvernement établi et de pillage à la tête d'une bande armée.

Sur le premier chef, elle répondit qu'elle avait le droit de rêver le gouvernement de son choix. Sur le second, elle répliqua que sa bande n'était pas armée ou que, si elle l'était, elle ne le savait pas.

— J'ai été chassée, ainsi que mes amis, du Champ-de-Mars. Nous ne savions nullement où nous allions. Parmi ceux qui m'accompagnaient, il y en avait qui avaient faim, mais je ne les ai nullement excités à faire le sac des boulangeries.

— On vous a entendu dire : Prenez du pain..

— Parfaitement. Ils en prenaient. Je leur ai dit : « Prenez du pain, mais ne faites pas de mal aux boulangers, ne détruisez rien. » Les témoins le déclareront. Quand je demande du pain pour ceux qui souffrent, je ne demande pas du pain *temporaire*. Je veux du pain pour aujourd'hui et pour demain, du pain par le travail.

Le procès allait naturellement passer aux assises, c'est-à-dire devant le jury. L'inculpée, se croyant sûre d'être acquittée, se laissa emmener gaîment par les agents, qui la conduisirent à Saint-Lazare.

Depuis deux cents ans qu'il est construit, le lourd bâtiment qui s'élève au milieu du faubourg

Saint-Denis a eu bien des fortunes contraires et vu bien des visages d'expression différente. Jadis les grands seigneurs allaient y faire la retraite. Pendant la première Révolution, les victimes de la politique y furent enfermées et, non loin des prostituées qui y subissent maintenant leur peine, Louise Michel pouvait songer à André Chénier attendant l'échafaud.

Elle était — « à la pistole ». Au premier étage de la vaste prison, elle occupait à elle seule, une petite cellule de trois mètres sur quatre, n'ayant qu'une porte et une fenêtre.

La fenêtre grillée, et exceptionnellement garnie de rideaux blancs, donne sur une cour intérieure. La prisonnière n'avait qu'à l'ouvrir pendant les heures de récréation pour voir — spectacle qui devait la stupéfier ! — ses voisines de captivité se promener entre les arbres de la cour, un chapelet à la main. Oui, au contact des sœurs, les pierreuses qui récemment encore montraient tant d'audace, dans le faubourg Montmartre ou sur les boulevards, sont si bien transformées qu'elles ne veulent plus se souvenir que de l'enfance, où elles priaient.

Il est vrai que les sœurs sont leurs seules gardiennes. On remplacera peut-être celles-ci dans tous les hôpitaux. Il sera difficile de les chasser de là. Sous Louis-Philippe, c'étaient des infirmières laïques qui tenaient la prison. La République de 48 découvrit contre elles tellement de sujets de plaintes qu'elle jugea *nécessaire* de les remplacer par des Sœurs!

La porte de la cellule de Louise Michel était, comme toutes les autres d'ailleurs, garnie d'un guichet par lequel on pouvait la surveiller.

L'unique sœur de garde n'ouvrait le guichet que pour demander à la prisonnière si elle n'avait besoin de rien. Elle ne franchissait la porte que si Louise le désirait. La sœur s'acquittait si doucement de sa mission que la citoyenne s'est toujours crue et se croit encore forcée de la complimenter.

Il est vrai qu'on n'a jamais vu prisonnière plus calme. Du matin au soir, elle écrivait, tantôt des lettres qui naturellement passaient sous les yeux du directeur, tantôt un chapitre de roman.

Elle faisait aussi beaucoup de questions sur le régime de la prison, prenant des notes pour un ouvrage qu'elle rêve et qui se déroulera à Saint-Lazare.

Elle n'avait alors que deux soucis : sa mère et sa nichée de chats.

Elle subissait presque chaque jour un interrogatoire.

On a dit que Louise Michel, en allant de Saint-Lazare au Palais, était soumise au *cabriolet*, ce lien cruel qui fixe le bras du prévenu à celui du gendarme. C'est absolument faux.

Elle était traitée avec la plus grande douceur. Elle eût voulu manger un sorbet qu'on le lui eût permis.

Le régime de Saint-Lazare est d'ailleurs si clément que beaucoup d'entre les prisonnières en arrivent à redouter la liberté... et ses désagréables conséquences. Elles demandent à rester à Saint-Lazare en qualité de servantes. Toutes les domestiques de l'établissement sont d'anciennes « tendresses », comme on dit aujourd'hui.

Les moins gaies pensionnaires de la maison sont les toutes jeunes filles, les petites marchandes de violettes, qui vendent surtout leurs bouquets aux vieillards. On ne les met à Saint-Lazare que depuis le préfectorat de M. Ferdinand Duval qui, par un arrêté toujours en vigueur, a spécifié qu'elles y resteraient jusqu'à la réclamation des parents ou jusqu'à leur majorité.

Or, bien souvent, la réclamation des parents tarde. Parfois même, elle ne vient jamais. Aussi ne sont-elles pas très folâtres, les pauvres petites !

Savez-vous comment on les appelle là-bas? Les *Duval*. L'ancien préfet de la Seine ne se doute certainement pas de ce regain de popularité.

Comme on sait qu'il y a deux aumôniers à Saint-Lazare, on est en droit de se demander s'ils n'ont pas essayé de convertir Louise. Non. Ces messieurs, professant à leur façon la liberté, attendaient qu'elle manifestât le désir de recevoir leur visite. Cela pouvait s'appeler attendre sous l'orme...

Et pendant qu'on tire devant moi les énormes verrous qui barricadent ces dames, un souvenir me traverse le cerveau.

On se rappelle ce représentant qui, à la tribune de l'Assemblée nationale, parla si chaleureusement de la fraternité qu'à sa péroraison les représentants de tous les partis s'embrassèrent. Le lendemain, par exemple, ils se battaient tous.

Eh bien! ce représentant, un vénérable prélat, l'abbé Lamourette, qui, deux ans après, devait mourir sur l'échafaud, était, à cette époque, directeur de Saint-Lazare. L'auteur du fameux « baiser Lamourette » a gouverné dans ces murs où sont punies, pour avoir vendu trop de baisers, plus de six cents femmes... — Louise Michel exceptée.

Enfin arriva le 22 juin, jour fixé pour la comparution de Louise et de ses complices devant le jury de la Seine.

Je ne saurais mieux faire que d'emprunter à l'intéressant volume de mon confrère et ami Albert Bataille, *Causes criminelles et mondaines de 1883*, les principaux points de ce procès. Questions et réponses ont été pour ainsi dire sténographiées.

A côté de Louise Michel étaient les anarchistes Mareuil et Pouget, qui l'assistaient dans le pillage des boulangeries. Mareuil est un petit bonhomme très barbu, mais très chauve, cordonnier de son état. Pouget, courtier en librairie, est un garçon de vingt-deux ans, à moustaches noires, à mine éveillée, bien mis, presque un monsieur.

C'est au domicile de Pouget qu'on saisit une collection de fioles contenant des matières incendiaires, et c'est lui qui répandit dans les casernes un infâme libelle excitant les soldats à la mutinerie, au pillage et à l'assassinat de leurs chefs.

Au banc des accusés libres prennent place un nommé Enfroy, un nommé Moreau, dit Garraud, qui ont reçu de Pouget les brochures à distribuer aux soldats. Vient enfin une cabaretière plantureuse, la femme Bouillé, de Roanne, qui avait reçu également un envoi du libelle. Deux derniers correspondants de Pouget, Georget, de Roanne, Thierry, de Reims, sont en fuite ; il seront jugés par contumace.

Sur la table des pièces à conviction, le drapeau

noir que Louise Michel promenait dans Paris le jour de la manifestation des ouvriers sans ouvrage : c'est un simple lambeau de drap accroché à un manche à balai ; puis des paquets de brochures à l'armée, un revolver que portait Pouget quand on l'arrêta, enfin les fioles saisies chez lui et renfermant les matières explosibles.

M. le président Ramé interroge d'abord Louise Michel :

D. Vous avez pris part à la manifestation des ouvriers sans ouvrage ? — R. Hélas ! je suis toujours avec les misérables.

D. Pourquoi n'êtes-vous pas restée chez vous ? — R. Je pensais que le gouvernement allait balayer l'Esplanade des Invalides avec ses canons. J'ai voulu être au danger.

D. Pouget vous donnait le bras. C'est votre secrétaire, votre instrument ?

Louise Michel. — Je n'ai pas d'instrument. Mais j'ai de l'estime pour ce jeune homme, qui s'occupe d'études scientifiques. C'est très beau par ce temps d'abaissement du niveau moral.

M. le président. — Oui, il s'occupe d'études scientifiques... chimiques. Vous êtes un anarchiste, Pouget ?

Pouget (avec une voix *à la Taillade*). — Je l'ai dit, je le répète, je le proclamerai toujours.

M. le président (à Louise Michel.) — Vous êtes bien

sûre que les manifestants étaient de vrais ouvriers sans ouvrage?

Louise Michel. — Certes!

D. Il y a un petit malheur. Sur 33 individus qu'on a arrêtés, il y avait 13 repris de justice, dont 11 précédemment condamnés pour vol. Si la proportion devait être acceptée, il faudrait dire que, sur le nombre des manifestants, on doit compter un tiers de voleurs.

Louise Michel. — Je ne pouvais leur demander à tous leur état civil.

C'est sans doute de leur *casier judiciaire* que veut parler l'accusée.

M. le président. — Quand la police eut dispersé la grande manifestation, vous avez voulu avoir votre exhibition particulière. C'était pour vous affaire de popularité et de vanité. Un inconnu vous a apporté un drapeau noir, et, flanquée de Pouget et de Mareuil, vous avez pris la tête d'une bande qui a parcouru le faubourg Saint-Germain en pillant les boulangeries.

Vous vous êtes arrêtée rue des Canettes, devant la boulangerie de M. Bouchet. Là, les individus qui vous suivaient ont pillé la boutique et menacé M. Bouchet de leurs cannes. Ils criaient : « Du pain, du travail ou du plomb ! »

Louise Michel (avec un grand sérieux). — S'il y avait des gens à gourdins, ils étaient de la police. (Hilarité.)

D. Vous prétendez qu'on a le droit de voler du pain quand on a faim ? — R. Oh ! quant à moi, je ne demanderai jamais de pain à la République, pour laquelle j'ai combattu toute ma vie. Si jamais je meurs de faim, je lui jetterai ma vie, mais je ne lui tendrai pas la main.

Ce n'est donc pas ma faute si on s'est arrêté devant les boulangeries. Je n'ai excité personne. Ce que je voulais, c'était faire défiler dans Paris les ouvriers sans ouvrage. Rien de plus. Est-ce ma faute si, malgré tout ce qu'ont fait nos pères, nous sommes toujours comme à la veille de 89 ?

M. le président, — Votre bande a encore pillé les boulangeries de M. Augereau, rue du Four, et de M. Morisset, boulevard Saint-Germain ; on a cassé les vitres, brisé les assiettes à gâteaux et jeté le pain dans la rue. Partout vous avez donné le signal du pillage. — R. Je le nie… mais j'étais sous une impression pénible. La rue ressemblait à une ruche pleine d'abeilles, et je songeais que celles-là qui font le miel ne le mangent jamais. Je suis restée pour manifester en faveur des meurt-de-faim.

D. Pouget et Mareuil ont été arrêtés par la police. Vous, vous êtes montée dans un fiacre et vous avez disparu. On ne vous a retrouvée que plus tard. — R. Mes amis m'ont enlevée. Ils ne voulaient pas que je fusse arrêtée ce jour-là. Mais il n'est pas dans mon caractère de fuir. Une autre fois, je resterai.

Ici l'on voit apparaître les princes d'Orléans.

Louise Michel. — J'ai appris que les d'Orléans embauchaient l'armée contre la République. J'ai voulu embaucher pour la République les travailleurs et les soldats.

M. le président. — Oui, vous voulez parler des brochures à l'armée que Pouget a expédiées par ballots en province? — R. Parfaitement; c'est moi qui les ai demandées au citoyen Herzig, le chef des anarchistes de Genève, c'est moi qui les ai fait distribuer par Pouget. Au surplus, je ne les ai pas lues.

M. le président. — Saviez-vous que Pouget fût détenteur de matières explosibles? — R. Il étudie la science! C'est bien. Je voudrais que la science ne fût plus le monopole de gens qui ne s'en servent que pour exploiter les travailleurs.

D. Vous persistez à dire que vous n'aviez en vue qu'une manifestation pacifique? — R. Oui, pacifique, platonique!

D. Et le pillage des boulangeries? — R. Ce n'est rien. Vous en avez bien fait d'autres en 1871, quand Galliffet égorgeait le peuple dans la rue!

M. le président procède à l'interrogatoire de Pouget:

D. Vous avez un métier, vous, vous êtes courtier en librairie. Qu'est-ce que vous alliez faire à la manifestation des ouvriers sans ouvrage? — R. J'allais protester contre le gouvernement, qui laisse les travailleurs sans pain.

D. Alors, c'est le gouvernement qui est responsable de tout?

Pouget. — Parfaitement.

D. Vous avez été arrêté près de Louise Michel. Vous criiez : « Mort aux Vidocq ! En 1871, on a tué pas mal de sergots ; on en tuera bien davantage cette fois-ci ! » — R. Je n'ai pas tenu ces propos.

D. Vous portiez un revolver?

Louise Michel (interrompant). — Il est à moi. Je le lui avais remis.

Pouget. — Non, il est à moi.

M. le président. — Vous aviez sur vous 71 francs en pièces de vingt sous ? — R. C'était le produit des *entrées* à une réunion socialiste qui s'était tenue le matin...

Puis vient l'interrogatoire de Mareuil :

M. le président. — Vous êtes, dit-on, un très bon ouvrier. Qu'alliez-vous faire à l'esplanade des Invalides ? — R. J'ai été élevé dans la misère : ma mère s'est suicidée à soixante-dix ans, parce qu'elle mourait de faim. Et vous ne voulez pas que j'aille avec ceux qui souffrent !

D. Vous connaissiez Louise Michel ? — R. Pas du tout. Je savais seulement que c'était un cœur d'or...

Les interrogatoires d'Enfroy, de Moreau, dit Garraud, de Martinet et de la femme Bouillé sont absolument sans intérêt.

La fin de l'audience est consacrée aux premières dépositions.

Les boulangers dont les maisons ont été envahies et pillées, M. Bouchet, madame Augereau, M. et madame Morisset, déposent tour à tour.

Madame Morisset a parfaitement reconnu Louise Michel, qui frappait la terre de la hampe de son drapeau noir et qui riait.

— C'est de la fantaisie, madame, dit sèchement l'accusée, vous êtes une hallucinée !

Viennent ensuite les agents qui ont arrêté Mareuil et Pouget. Louise intervient encore :

— Tout ça, s'écrie-t-elle, c'est le roman de Camescasse !

Le cocher de fiacre Grandard avait mis pied à terre et causait avec un client quand un groupe d'hommes a jeté une femme dans sa voiture. Cette femme, c'était Louise Michel qu'on faisait fuir. Un individu est monté sur le siège et « fouette cocher ». Grandard n'a retrouvé son fiacre que beaucoup plus tard, sur le pont Marie. (Hilarité.)

Le dernier témoin entendu est M. Girard, chef du laboratoire municipal.

M. Girard a analysé le contenu des fioles saisies chez Pouget.

Les unes renfermaient une dissolution de phosphore, les autres du sulfure de carbone et du pétrole, matière incendiaire bien connue sous le nom de *feu fenian*.

Prenant une feuille de papier buvard, M. Girard l'imbibe de quelques gouttes de chaque liquide, et aussitôt le papier prend feu.

Cette expérience, qui clôt la première audience, paraît impressionner vivement l'auditoire.

Le lendemain, 23 juin, reprise des débats.

A l'ouverture, on constate que le citoyen Moreau, dit Garraud, qui se pavanait la veille au banc des prévenus libres, est assis mélancoliquement entre deux gendarmes.

M. Clément l'a cueilli au sortir de l'audience précédente. Il paraît que ce compagnon est recherché par le parquet de Troyes, pour vol, et qu'il a été condamné par défaut à deux ans de prison, pour escroquerie, par le tribunal correctionnel de Poitiers. Le citoyen Moreau, dit Garraud, proteste contre une arrestation qu'il qualifie d'illégale, mais ça n'empêche pas les gendarmes de le garder.

Après cet incident, M. Girard, chimiste, qui a fait à la première audience des expériences malheureusement trop concluantes sur les matières incendiaires que possédait Pouget, est interpellé par l'accusé lui-même ; au dire de Pouget, M. Girard aurait pris pour de l'essence minérale le contenu d'une fiole qui serait en réalité pleine d'eau claire.

M. Girard verse immédiatement sur du papier buvard plusieurs des liquides saisis, et le papier buvard prend feu. Mais Pouget ne se démonte pas pour si peu.

— On a changé le contenu des bouteilles, dit-il avec un grand sang-froid.

Les demoiselles Morisset, filles du propriétaire d'une des boulangeries pillées, déposent qu'elles ont parfaitement vu Louise Michel à la tête de la bande. Elle tenait à la main son drapeau noir et riait aux éclats.

Louise Michel. — Ce sont des dépositions apprises par cœur. Il y aurait vingt petites Morisset qu'elles diraient toutes la même chose. On ne répond pas à des enfants.

Vient ensuite M. Chaussedat, peintre, qui affirme que Louise Michel ne s'est pas arrêtée devant les boulangeries...

M. Henri Rochefort, cité comme témoin à décharge, dépose :

Les 71 francs saisis sur Pouget provenaient d'une

cotisation faite la veille dans une réunion publique. Louise Michel me l'a déclaré, avant d'aller se constituer prisonnière. Elle venait me prier de m'intéresser à sa mère, et elle m'a assuré qu'elle avait désiré que la manifestation fût pacifique.

Elle ne s'était pas laissé arrêter pendant la manifestation pour éviter l'effusion du sang.

J'ajoute que j'ai été surpris, très surpris de l'accusation de pillage relevée contre elle. Je connais Louise Michel, avec laquelle j'ai été détenu en Nouvelle-Calédonie. Sa case était vis-à-vis de la mienne. Louise Michel, pendant le trajet, n'avait cessé de se sacrifier pour ses compagnes, leur donnant sa nourriture et ses vêtements.

Louise Michel. — Je vous en prie, taisez-vous. Je ne vous ferai plus appeler.

M. Henri Rochefort. — Je dois dire la vérité. A la Nouvelle-Calédonie, vous alliez sans chaussures, vous aviez transformé votre case en hôpital, vous y soigniez les malheureux.

Louise Michel. — Je vous en supplie...

M. Henri Rochefort. — Elle couchait par terre, elle se nourrissait de rien. Elle donnait tout ce qu'elle avait.

Louise Michel. — J'ai appelé M. Henri Rochefort pour tout autre chose que pour me faire souffrir. Le témoin ne continuera pas, j'en suis sûre.

M. Henri Rochefort. — Eh bien ! je me retire.

MM. Georges Meuzy et Vaughan, rédacteurs de l'*Intransigeant*, déposent ensuite sur divers incidents de détail.

M. Vaughan. — Avant de me retirer, je manifeste ma respectueuse sympathie pour madame Louise Michel; je suis fier d'être son ami.

Louise Michel. — Je ferai en sorte, citoyen, que mes amis soient toujours fiers de moi. Le témoin voudrait-il dire de quelle façon on a traité ma famille ? Car nous aussi nous avons des familles !

M. Vaughan. — Je sais qu'un misérable est venu frapper d'un coup de canne, à domicile, la femme qui garde la mère de Louise Michel.

M. l'avocat général Quesnay de Beaurepaire commence son réquisitoire.

Il compare Louise Michel à une Furie, à une Erynnie en tournée, à une Amazone, à une sultane flanquée de ses deux vizirs, Mareuil et Pouget :

Elle a voulu avoir, par pure vanité, sa petite Jacquerie parisienne, et elle a promené le drapeau noir qui, d'après ses propres paroles, « fera un jour sans pitié ni merci le tour du monde ».

Ce n'est plus la femme de la République romaine,

qui gardait la maison et filait de la laine. Cependant, quelle admirable leçon lui donnait le hasard de l'émeute, quand il vint lui mettre en main un drapeau fixé... à un manche à balai! (Rires.)

L'organe du ministère public s'indigne de voir cette femme n'obéir qu'à des sentiments de haine.

Eh quoi! s'écrie-t-il, ne sommes-nous plus la nation chevaleresque et généreuse des temps passés! Ne sommes-nous plus capables que de haïr!

Mais ces crimes que vous avez à punir, messieurs les jurés, ce sont des crimes antifrançais.

Qu'est donc cette brochure que répandait Pouget, sinon le code de l'incendie et du pillage! Cet homme a osé s'en prendre à l'armée, l'armée qui est la frontière vivante, faite des poitrines de nos frères! (Mouvement prolongé.)

M. l'avocat général rend en passant un juste hommage à la grande famille des officiers et il est amené à saluer, au milieu de l'émotion générale, celui qui vient de tomber si vaillamment, l'héroïque commandant Henri Rivière. Il supplie les jurés de défendre l'armée, de ne pas faillir à à leurs devoirs de patriotes, de faire justice de ceux qui sont prêts à recommencer demain les mêmes tentatives impies!

La parole est à M. Balandreau, défenseur nommé d'office à Louise Michel. Mais le vœu de la grande citoyenne est de plaider elle-même, et l'honorable avocat déclare qu'il ne peut que s'incliner.

Louise Michel se lève. Elle relève son voile, et commence :

— Oui... ce procès est un procès politique ! En nous, tous les anarchistes sont accusés. Vous nous appliquez la loi des vainqueurs de 71, qui nous ont écrasés comme la meule broie le grain. A Versailles, à Satory, autour de Galliffet, partout des cadavres !

Vous êtes étonnés de m'entendre, de voir une robe de femme frôler des robes d'avocats. Vous croyez que la femme ne peut être que ménagère ou courtisane. Erreur, elle a le droit de combattre à côté de l'homme, tenant en main, non le drapeau rouge qui est cloué sur les tombes de la Commune, mais le drapeau noir de la misère.

Nous avons pillé des boulangeries ? Avons-nous pillé les boutiques de changeurs... où il y avait de l'or ? Nous avons pris du pain. Avons-nous pris des bijoux ?

. . . .

Je ne connais pas de frontières ! L'humanité tout entière a droit à l'héritage de l'humanité. Et cet héritage, ce n'est pas la famine, c'est la liberté.

Vous nous reprochez d'avoir endoctriné l'armée. Pourtant, à Sedan, les soldats eussent eu le droit de tirer sur leurs généraux. M. Bonaparte n'eût pas été épargné et nous n'aurions pas aujourd'hui de la boue jusqu'aux joues!

Condamnez-moi, fût-ce à vingt ans de bagne. Auparavant, vous m'entendrez vous parler de liberté, d'égalité. Moi aussi, j'ai pris ces mots au sérieux. J'aurais pu rester institutrice! Alors je n'aurais pas vu la Commune, Nouméa, ma mère insultée par les policiers.

Maintenant j'ai tout vu. Je ne crains rien. J'aime mieux être en prison qu'au pouvoir, comme mes amis Gautier et Kropotkine. Eux aussi, je les aime mieux là. Les grandeurs donnent le vertige.

Ah! les soldats ont porté nos brochures à leurs officiers! Et leurs officiers leur portent-ils les mots d'ordre qu'ils reçoivent à Chantilly? Cependant, je ne reproche rien aux d'Orléans, ni aux Bonaparte. Ce n'est pas leur faute s'ils sont fils de loups.

. . . .

Notre société, où chacun lutte pour l'existence, ressemble au radeau de la *Méduse*. Mais, au delà de vos prisons, je vois le progrès qui se lève. J'ai crié le cri du peuple qu'on mène aux hécatombes et qui se plaint! Mon ambition est de le voir heureux, de sentir naître en l'humanité de nouveaux sens, d'écraser la petite vanité individuelle.

Condamnez-moi pour mes délits de parole, j'en commets encore en ce moment, mais ne cherchez pas de prétexte, ne m'accusez pas de pillage. C'est une folie !...

Troisième journée :

Louise Michel ayant parlé deux heures, son secrétaire Pouget ne met pas beaucoup moins de temps à donner lecture d'un Mémoire où il est question du major Labordère, de Victor Hugo et de M. Jules Grévy qui, lui, aurait pris d'assaut, non pas une boulangerie, mais la caserne Babylone en 1830.

Après les plaidoieries de Mes Lenoël Zévort et Georges Laguerre qui défendent, non sans talent, Mareuil, Enfroy, Martinet et la femme Bouillet, on arrive au verdict.

Le jury, après une heure de délibération, reconnaît :

Louise Michel coupable de pillage en bande ;

Pouget, de pillage en bande, de détention de matières explosibles, de distribution aux soldats d'écrits les excitant à la révolte et au meurtre des officiers ;

Moreau, dit Garraud, de distribution des mêmes écrits.

Tous trois obtiennent des circonstances atténuantes.

Les autres distributeurs présumés, Enfroy, Martinet, et la femme Bouillet, sont acquittés.

Également acquitté Mareuil, qui assistait Louise Michel et Pouget le jour de la manifestation des « ouvriers sans ouvrage », mais qui est un bon ouvrier, égaré plutôt que perverti, auquel ce procès servira de leçon.

En conséquence du verdict du jury, la Cour condamne Louise Michel à *six ans de réclusion et dix ans de surveillance de la haute police;*

Pouget à *huit ans de réclusion et dix ans de surveillance de la haute police;*

Moreau, dit Garraud, à *un an de prison;*

Georget et Thiery, contumaces, distributeurs de la brochure « A l'armée », à *deux ans de prison* chacun. (Ils ont été acquittés depuis, par jugement contradictoire.)

Des cris de : « Vive Louise Michel ! Mort aux jurés ! » retentissent dans la salle d'audience. Ce sont des anarchistes en nombre infime, qui manifestent.

M. le président Ramé prévient les condamnés qu'ils ont trois jours pour se pourvoir en cassation contre la sentence.

— C'est inutile, répond en souriant Louise Michel, votre verdict a trop bien mérité de l'Empire !

Comme on l'emmène, de nouveaux cris s'élèvent :

— Vive Louise Michel! le peuple l'acquitte!

Et quelques jours après, le soir même de la fête nationale, pendant qu'on essayait, sous la pluie, d'illuminer les monuments publics, on avertit la condamnée, encore à Saint-Lazare, qu'elle aurait le lendemain à se lever de très bonne heure; on la pria de faire son paquet.

Son paquet, c'est le mot. En un mouchoir, tout son bagage fut contenu.

Le lendemain matin, à cinq heures, elle était debout. Deux agents vêtus en bourgeois vinrent la chercher et la firent monter en voiture. A cinq heures cinquante, elle prenait place, au chemin de fer du Nord, dans un wagon cellulaire. A huit heures moins le quart, elle descendait à Clermont.

Le nouveau directeur de la maison centrale, M. Gent, frère du sénateur, l'attendait sur le quai.

— Madame, lui dit-il textuellement, vous avez été matinale, aujourd'hui.

— Il ne faut pas m'en féliciter; c'est malgré moi. Oh! j'ai bien froid.

Elle grelottait. Elle avait l'air très fatigué.

Il la fit monter, toujours entre les deux agents,

dans une tapissière, louée à un hôtel situé près de la gare, et la conduisit à la Maison Centrale. Aussitôt là, elle demanda la permission d'écrire à sa mère et elle remit au directeur ce court billet :

« Ma chère mère, j'arrive à l'instant à la Maison Centrale. J'ai fait bon voyage. Ne t'inquiète pas. »

J'ai suivi Louise Michel dans toutes les réunions publiques. Pour compléter ma tâche, j'avais le devoir de la suivre à Clermont.

La Maison Centrale est à un kilomètre de la gare. Étrange retour des choses humaines, on a établi les cellules dans le château même où est né, en 1296, un roi de France, Charles le Bel. Ce vieux château, dont il ne reste plus aujourd'hui qu'un corps de bâtiment, une porte et deux fragments de colonnes, se dresse au-dessus d'une petite montagne, d'où l'on a une vue superbe. Il est bâti sur un terre-plein soutenu par de hautes et épaisses murailles qui rendent toute évasion impossible.

Louise Michel, qui s'est, on l'a vu plus haut, livrée elle-même à la justice, n'a pas manqué de s'étonner des mesures prises pour son transfert. On lui en a donné la raison.

Quand Gabrielle Fenayrou vint à Clermont, plus de mille personnes l'attendaient autour du chemin de fer. Comme le public savait par les journaux qu'elle était gentiment vêtue, on dut, pour dérouter les curieux, la faire changer de toilette à l'intérieur du wagon cellulaire, resté en gare. La police a désiré éviter un pareil incident.

Arrivée à la Maison Centrale, Louise Michel fut conduite, non pas dans le quartier des détenues ordinaires, mais bien en cellule provisoire. On ne voulait pas la considérer comme une condamnée de droit commun ; le directeur de la prison a reçu le mandat de ne voir en elle qu'une condamnée politique.

Ses vêtements lui ont été laissés. On ne lui a pas, comme un de ses amis de l'*Intransigeant* le redoutait, coupé les cheveux, — et il y a à cela une bonne raison. On coupe les cheveux aux hommes, par mesure de propreté. On les laisse toujours aux femmes. La direction des prisons juge que les leur enlever serait une aggravation de peine, une mutilation.

Je n'apprendrai rien à personne en disant qu'à Clermont toutes les détenues, dont le nombre est d'environ 475, travaillent du matin au soir. Elles n'ont qu'une heure de récréation par jour, en deux fois.

Le travail de la Maison Centrale a été longtemps

affermé à un fabricant de chaussures. Autrefois, tout le monde y faisait des souliers, mais il paraît qu'aujourd'hui une partie de l'entreprise est concédée à des fabricants de corsets, de faux cheveux, etc.

Disons tout de suite que Louise Michel n'a été soumise à aucun travail.

Durant les récréations, les détenues sont obligées de se promener, l'une derrière l'autre, dans la cour intérieure. Elles ne peuvent s'asseoir que le dimanche, sur le banc de pierre qui fait le tour de la cour.

Louise Michel se promenait seule, après les autres.

La nourriture de la Maison Centrale est celle des casernes. Les détenues qui travaillent ne touchent l'argent gagné que lorsqu'elles sont arrivées, après leur libération, au lieu de leur résidence, mais on leur fait crédit à la cuisine.

Il leur est permis de s'acheter du lait, des fruits, des douceurs. Une d'elles, le jour de ma visite, s'est même payé une sole frite.

Louise Michel pouvait donc, sur la pension que lui fait M. Henri Rochefort, prélever quelques francs et s'offrir un régime alimentaire de son goût. Elle préférait laisser toute sa pension à sa mère.

Elle a retrouvé, à Clermont, les bonnes Sœurs dont elle a été si contente à Saint-Lazare. La maison est tenue par quarante-cinq Filles de la Sagesse. Un républicain me disait : « On ne saurait pas les remplacer. » Elles font surtout merveille dans le quartier des « Amendées » et dans celui « de la Préservation ».

Le premier quartier est réservé aux infanticides qui n'ont pas prémédité leur crime ; le second aux pauvres filles qui n'ont été condamnées qu'une fois et qu'on espère ramener au bien. Les Sœurs les consolent, les instruisent et tentent d'en faire d'honnêtes femmes. On affirme qu'elles ont souvent réussi.

J'ai dit que Louise Michel était installée dans une cellule provisoire. Elle seule, en effet, était — relativement — maîtresse de son sort. Voilà un point qu'il est nécessaire de préciser.

Voulait-elle rester en cellule, c'est-à-dire être seule — toujours ! — ou vivre en commun ?

Voulait-elle prendre part au travail manuel de la maison et gagner ainsi quelques sous, ou préférait-elle continuer ses travaux littéraires ?

Elle n'avait qu'à écrire au ministère de l'intérieur. Je sais pertinemment qu'on lui eût accordé à cet égard ce qu'elle eût désiré.

Une seule chose lui était interdite. Comme une école est installée à la Maison Centrale, il se pouvait que Louise Michel, se souvenant qu'elle a été institutrice, demandât à donner des leçons. On s'y serait absolument refusé. On eût craint qu'elle n'enseignât la révolte.

Si cela lui avait plu, même, elle serait retournée en Nouvelle-Calédonie. Tous les six mois, passe dans la maison une inspectrice qui demande aux détenues si elles désirent y aller.

A son dernier passage, trois ont consenti. L'une avait encore treize mois à faire. La deuxième n'avait plus que six mois, la troisième que deux mois à subir. Celle-ci a dit : « Mon avenir est perdu en France. Je suis déshonorée. Là-bas, je trouverai à me marier. »

Mais il n'était pas probable que Louise Michel demandât à retourner à Nouméa. A Clermont, elle était encore près de sa mère. Puis elle espérait — et le gouvernement même lui faisait espérer — sa grâce.

Quoi qu'il en soit, quand je me retirai, quand, du haut de cette montagne, le dos contre les épaisses murailles de la prison, je vis dans le lointain la célèbre maison d'aliénés des frères Labitte, involontairement je pensai :

— N'est-ce pas plutôt là qu'elle devrait être?...

Une longue année s'écoula.

Dans sa prison, Louise Michel reçut une horrible nouvelle. Sa mère était malade. Sa mère était en danger de mort. La prisonnière demanda, elle obtint la permission de venir à Paris, de s'installer auprès d'elle.

Et le premier janvier 1885, tout le monde — j'insiste sur ce mot — s'attendait à ce que Louise Michel, qui semblait avoir suffisamment payé son escapade de mars 83, fût grâciée.

Je suis donc allé voir si elle avait reçu ses étrennes. Sur sa porte, j'ai trouvé l'écriteau suivant :

Par ordre des médecins, il est expressément défendu de recevoir qui que ce soit.

En conséquence, inutile de frapper.

Il n'est pas besoin de faire remarquer que cette note émanait de la préfecture de police. D'abord, madame Michel mère n'avait pas « *des médecins* ». Elle n'en avait qu'un, M. Clémenceau, qui venait chaque matin à Clignancourt.

A cette date, l'état de la malade était toujours

le même. Des crises nerveuses alternaient avec des accalmies. Pendant les premières, qui ressemblaient à des accès de folie, la malade s'imaginait qu'on venait chercher sa fille pour la reconduire en prison. C'est alors que Louise Michel elle-même devenait folle et se figurait, de son côté, que les croque-morts venaient enlever le corps de sa mère. On voit que la situation n'était pas précisément gaie pour les deux agents de la sûreté qui gardaient la prisonnière. Ils ont pourtant eu droit à tous les éloges. Ils ont fait leur métier avec le plus grand dévouement et ont plutôt été des garde-malades que des policiers.

Donc, le premier janvier, dès le matin, la petite-nièce de madame Michel, qui, depuis quatre ans vivait auprès d'elle, a couru à la librairie voisine où l'on avait retenu le *Journal officiel*. La prisonnière a vite parcouru la rubrique des actes officiels. Son nom n'y figurait pas... ce qui s'explique d'ailleurs, puisqu'on se contente d'y mettre le nombre de grâces accordées, et jamais les noms des graciés. Madame Michel mère attendait, anxieuse. Depuis une quinzaine de jours on lui disait :

— Votre fille sera graciée.

A sa visite, M. Clémenceau, qui s'était renseigné, apprit que rien encore n'était décidé.

Il a fallu recourir à une supercherie. Celle qui a si longtemps concouru à tromper le peuple n'a pas hésité à tromper sa mère. Elle a feint une grande joie et dit qu'elle avait sa grâce :

— Maintenant, personne ne m'éloignera plus de toi. Je pourrai te donner tous les soins qu'il te faut et je te guérirai, tu verras... Je n'aurai plus à présent d'autre souci que ta santé.

Bref, elle a convaincu la malade, que la vérité eût tout de suite tuée peut-être.

Dans la journée, un assez grand nombre de personnes se sont cassé le nez devant l'écriteau dont j'ai reproduit la teneur. La maison, pourtant assez grande, au quatrième étage de laquelle habitait la famille Michel, n'a pas de concierge. Il était donc assez difficile d'avoir des nouvelles. La police n'avait autorisé que quatre personnes, MM. Clémenceau, Rochefort, Vaughan et Giffaut, à pénétrer auprès de la citoyenne qu'on ne laissait à Clignancourt que parce que sa mère ne voulait rien accepter que de sa main.

Deux jours après, — le 3 janvier, — madame Michel mère succombait à cinq heures du matin, à la maladie qui la minait depuis si longtemps. Elle n'était jamais descendue en effet, du modeste appartement qu'elle occupait depuis 1881 au boulevard Ornano.

Peu à peu, la paralysie avait atteint la région du cœur... Tout était fini.

Sans parler de sa première jeunesse, il n'y a point de tourments que n'a connus la pauvre femme. Depuis plus de vingt ans, la mère et la fille vivaient ensemble. On se doute des déchirements qu'il y eut après la Commune...

A son retour de Calédonie, Louise rentra « chez maman ». Depuis, elle ne l'a quittée que pour aller aux réunions ou... en prison. Le ménage, composé de trois personnes, madame Michel mère, Louise et une jeune parente, vivait d'une pension de deux cents francs par mois, fournie moitié par M. Rochefort, moitié par M. de T***

Les dernières années de la vie de l'ancienne femme de chambre de M. de Mailly ne furent qu'un long supplice auquel la paralysie a mis fin.

J'ai vu la pauvre femme sur son lit de mort, dans la modeste chambre située à côté de la salle à manger qui sert de salon.

Le corps reposait sur un petit lit en noyer, garni de rideaux blancs. En face, une commode au-dessus de laquelle était le portrait de Louise.

Dès la nouvelle de la mort, tous les députés de l'extrême gauche se sont rendus auprès de la prisonnière. Aucun n'a manqué de promettre à Louise sa grâce... Elle n'y tient plus. Si elle l'avait, dit-elle, elle se retirerait à l'étranger.

L'enterrement a été fixé au lundi suivant, onze heures. Le corps devait être porté au cimetière de Levallois-Perret. Louise a désiré en effet que sa mère reposât auprès du corps de sa meilleure amie, Marie Ferré.

Il était intéressant de savoir si la prisonnière assisterait aux obsèques. Ses amis eussent voulu lui donner cette consolation. Ils n'ont pu, on le comprend, réussir à obtenir du gouvernement une telle autorisation...

On nous a rapporté toutefois ce mot de M. Grévy :

— Elle nous obligerait bien si elle pouvait se sauver !...

Son état ne le lui eût pas permis...

Le surlendemain, 5 janvier, avait lieu l'enterrement civil. Le matin, à sept heures, arrivaient à la maison mortuaire les familiers de la maison, les amis politiques de Louise Michel. Trois jours auparavant, le gouvernement proposait à ces derniers de mettre la prisonnière dans une maison de santé. La veille de l'enterrement, on a pris peur d'elle.

— Ma chère amie, lui dit Rochefort en entrant,

j'ai la triste mission de vous mener à Saint-Lazare.

— Oh! c'est moi qui vous conduirai, fit-elle fort tranquillement. Seulement je vous demanderai de m'accompagner à pied.

Elle déposa un baiser sur le cercueil. Sa mère avait été mise en bière la veille dans la soirée. On descendit. Derrière la prisonnière marchaient MM. Rochefort, Clémenceau, Vaughan, Barrois, Rouillon, puis deux agents. Durant tout le trajet, ceux-ci se sont tenus à l'écart. En mainte occacasion, Louise eût pu se sauver...

On arriva à la prison vers huit heures et demie, juste au moment où deux femmes ayant chacune un enfant sur les bras montaient en voiture cellulaire pour être transportées à la Conciergerie.

— Regardez donc, Rochefort, fit-elle, est-ce assez triste de voir ces pauvres enfants déjà aux prises avec la justice? Cela suffirait à excuser ce qu'on appelle nos folies. Et ils ne sont pas couverts, les malheureux!

Elle fouilla dans sa poche.

— Ne cherchez pas, lui dit Rochefort, vous n'avez rien.

Et il donna vingt francs au directeur de Saint-Lazare en le priant de faire vêtir ces enfants.

Rochefort revint à la maison mortuaire où il

veilla aux dernières mesures. La cérémonie était d'ailleurs payée par lui.

Déjà la porte de la maison était tendue de noir. La bière fut exposée et couverte de couronnes et de fleurs.

Une immense couronne de perles portait ces mots : A ma mère. Sur plusieurs autres on lisait des inscriptions comme celles-ci : « Fédération du dix-neuvième arrondissement. — Groupe de la Libre pensée de Levallois-Perret. »

Peu à peu, la foule s'amassa devant la maison; foule composée de blanquistes et de curieux. A dix heures trois quarts seulement, arrivèrent les anarchistes. L'un d'eux, le citoyen Tony Grellat, portait une bannière; un autre, le citoyen Holtz deux drapeaux. Bannière et drapeaux étaient enroulés. On ne les mit à l'air que lorsqu'on vit, à onze heures précises, l'ordonnateur prendre la tête du convoi. Le char était de septième classe.

A ce moment, les derniers parents de Louise Michel, puis MM. Henri Rochefort, Vaughan, Alphonse Humbert, Lisbonne, Giffaut, Joffrin, Lucipia, mesdames Cadolle, Lemelle, Gaillard, Huot se placèrent derrière la voiture mortuaire. Immédiatement derrière eux se glissèrent les anarchistes, qui déroulèrent la bannière et les drapeaux. Sur la première, qui, toute rouge, était surmontée d'un bonnet phrygien, on lisait : « La Sentinelle révolutionnaire — Groupe communiste-anarchiste du dix-huitième arrondissement. » Les deux drapeaux étaient également rouges. On se mit en marche.

Il y avait bien six mille personnes derrière le corps. Tout le long du trajet, la foule allait s'accroître. Çà et là, en effet, des groupes attendaient. Chaque fois qu'on en voyait un, les anarchistes hurlaient : « Vive la révolution sociale. Vive l'anarchie. » A certain endroit, un enfant, qui croyait bien faire, répondit : « Vive la monarchie. »

Devant une caserne, on cria : « A bas l'armée ! » Devant une église : « A bas la religion ! »

Il n'y a pas à se le dissimuler. Une fois de plus, les blanquistes ont été vaincus. Les anarchistes ont confisqué le corps à leur profit. Ils étaient pourtant en minorité, mais ils avaient l'audace, et c'est toujours la minorité audacieuse qui réussit.

— Je ne les aurais jamais crus capables de cela, disait à côté de nous un blanquiste en montrant la bannière anarchiste.

Rochefort, qui n'est décidément pas bête, prit le parti de dissimuler la défaite des blanquistes. A un moment, il prit même la défense des anarchistes. C'était boulevard Berthier, devant le bastion 46. Vingt-cinq agents, commandés par M. Florentin, officier de paix, s'étaient mis en travers de la voie. Il était alors plus d'une heure.

— Nous avons l'ordre, dit l'officier de paix, de faire enrouler les bannières.

Le directeur de l'*Intransigeant* se détacha du cortège, parlementa un instant, puis voyant venir M. Gaillot, inspecteur divisionnaire, dit à ce dernier :

— Monsieur, voici bientôt deux heures que nous marchons ainsi. Nulle part, nous n'avons provoqué le désordre. Je n'ai pas besoin de vous rappeler d'ailleurs qu'il y avait des bannières et des drapeaux rouges à l'enterrement de Gambetta. Si vous ne vous opposez pas à notre passage, je prends tout sur moi, il n'y aura pas de désordre. Si vous voulez, au contraire, nous arracher nos drapeaux, je ne réponds de rien. Et voyez combien il y a de monde derrière le corps.

L'inspecteur divisionnaire, d'ailleurs très courtois, répondit qu'il allait seulement, par mesure de prudence, faire précéder le convoi par ses hommes. Le cortège continua sa marche.

Il était près de deux heures quand on arriva

au cimetière de Levallois-Perret, déjà plein de monde.

Le corps devait être déposé dans le caveau de la famille Ferré, dont la pierre tombale porte les inscriptions suivantes :

FAMILLE FERRÉ

Madame Ferré, née Marie Rivière
décédée le 15 juillet 1871
à l'âge de 59 ans

—

Th. Ferré
décédé le 28 novembre 1871
à l'âge de 26 ans

—

Marie Ferré
décédée le 23 février 1882
à l'âge de 37 ans

Près du caveau se tient M. Ferré père, un vieillard à cheveux blancs qui ressemble à un juge d'instruction en retraite.

Le convoi ne peut approcher de la tombe. Les couronnes d'abord, puis la bière passent au-dessus de nos têtes. On est tellement pressé qu'on a peine à respirer. A côté de nous, une femme se trouve mal. Les orateurs eux-mêmes sont dans l'impossibilité de venir devant le caveau. Ils sont forcés de monter à vingt pas de la bière sur une tombe du haut de laquelle ils parlent à la foule.

Ils sont au nombre de sept qui s'appellent les citoyens Ernest Roche, de l'*Intransigeant;* Chabert, conseiller municipal; Digeon, Duprat, anarchistes; Champy, blanquiste; Tortelier, anarchiste.

Ernest Roche, au nom de la douleur de Louise Michel, *la grande martyre*, demande l'union de tout le parti révolutionnaire; le citoyen Chabert appuie ce vœu.

Les anarchistes, au contraire, sans insister sur l'union, ne parlent qu'au nom de leur parti. Ils demandent la fin de tout gouvernement et poussent les cris mille fois répétés de « Vive la Révolution sociale! »

Il y a un huitième orateur qui réclame l'amnistie.

— Non, lui répond-on. Pas de grâce! Nous n'en ferons pas.

Il est trois heures. Tout le monde est brisé de fatigue, affamé. On se retire. Ceux qui peuvent s'approcher du monument jettent dans le caveau les fleurs rouges que les révolutionnaires ont l'habitude de porter à la boutonnière, quand on enterre un des leurs. On quête pour les détenus politiques et les familles des ouvriers sans ouvrage.

Pendant ce temps, M. Clémenceau, retourné à Saint-Lazare, essaie de consoler la prisonnière. Combien celle-ci ne doit-elle pas maudire l'horrible politique qui l'a empêchée de rendre, comme une simple mortelle, les derniers devoirs à sa mère !

A l'heure où ces pages s'impriment, Louise Michel, malgré l'attente générale, est toujours à Saint-Lazare. Ce n'est pas à moi de parler avec sentiment de la situation qui est faite à l'éternelle ennemie de toute société. Je ne peux pourtant pas m'empêcher, quand je pense à la prisonnière de Saint-Lazare, de me dire que ceux qui l'y détiennent ont fait bien plus de mal qu'elle à la France...

Quelle belle chose que la justice humaine !

LA CITOYENNE MINRADA

La remarquable poésie suivante, qui est vendue, au profit de l'auteur, dans les principales réunions publiques„ est tout ce que nous connaissons de la citoyenne Minrada.

UNE BALAYEUSE

AUX PRÉTENDANTS CONSPIRATEURS

Puisque les Conspirateurs font la proclamation
Pour le renversement de la République,
Moi, je fais une réclamation
Pour le balayage monarchique.

La mode fait porter aux dames des balayeuses.
Moi, je suis plus que ça envieuse.
Que je voudrais être moi-même balayeuse !
Cette fonction me rendrait si heureuse !

Du reste j'ai des idées qui sont d'abord
Contraires de l'avis du comte de Chambord.
Si j'étais Richer avec ses tonnes et ses vidangeurs,
Je ferais fourrer dedans les couronnes avec leur am-
[pleur.

Et les amis, qui pensent comme moi,
Ne souffriront jamais un roi,
Car il nous forcerait d'aller à l'église
Pour assister à des véritables bêtises.

Et je ne vous conseille pas de le faire monter.
Dès le lendemain, il se ferait sauter.

Comme je n'aime pas voir fracasser les rois
Pas plus que de voir tordre le cou aux oies,

Je ne vous dis pas ça pour vous faire peur.
Je n'ai que de bons sentiments dans le cœur.
Je n'aimerais pas vous voir légèrement blessés
A cause de vos tristes intentions si intéressées.

A quoi bon de nous faire tant de misère ?
Moi pour tout le monde je voudrais être mère
Afin que tout le dissentiment disparaisse
Et de nous aimer d'une sincère tendresse.

LÉONIE ROUZADE

Je ne l'ai bien vue qu'une fois.
C'était le mardi, 2 août 1881.
La dernière période électorale était à peine ouverte. On commençait à démolir Gambetta, qui se trouvait réellement à la salle Graffard, le Palais-Royal de la Villette.

Le futur grand ministre y était en effet, non pas en personne, mais en effigie morale.

Son corps seul y manquait.

Pendant trois heures, on y a montré, étalé, disséqué *le traître*, « celui qui dort dans le lit de Morny et qui, malheureusement, s'y réveille ».

Sur le pas de la porte, on vendait *Gambetta ou la Justice du Peuple.* Dans la salle, on offrait, en attendant que le bureau fût formé, la *Biographie du nouveau Jecker.*

— Achetez, citoyens, le gros et le bien petit Gambetta. Il est à vendre. Achetez le ventru!

Ici la voix devenait solennelle :

— Ce que je vous offre, citoyens, ce sont de vrais documents. Vous avez tous besoin d'être édifiés. Il faut lire cela.

Et voilà ce que j'ai entendu pendant soixante minutes, car la réunion Graffard, annoncée pour huit heures, n'a commencé à former son bureau qu'à neuf heures.

Président nommé par un millier de personnes : Robert.

Premier assesseur : Dangé.

Mais il en faut un autre.

— Citoyens, dit le président, les deux sexes, qui sont égaux, doivent être représentés aux deux côtés de ce bureau. Je vous prie de me désigner une citoyenne.

— Rouzade! crie la salle.

La citoyenne Léonie Rouzade est nommée assesseur.

Elle monte au bureau.

Un petit corps de brunette, qui annonce timidement d'agréables surprises. Cheveux abondants et très noirs. Gentil air modeste.

Je profiterai de l'occasion pour essayer d'esquisser la toilette socialiste. Robe d'orléans noire, col droit tuyauté, immense cravate de dentelle blanche que recouvre la bride toute jaune du chapeau en paille noire, orné d'une plume circulaire de même couleur; bouquet de fleurs rouges par derrière. Et voilà.

Après quelques discours plus ou moins édifiants de quelques orateurs plus ou moins joffrinesques, la parole est à la citoyenne Rouzade, qui me plaît moins comme conférencière que comme femme. D'abord elle a une petite voix vinaigrée qui fait mal à l'oreille. Elle aussi eût bien voulu être la Judith de Gambetta :

— Quelle inconséquence! s'écrie-t-elle. Vous êtes le peuple et on vous propose d'élire un bourgeois!

On ne peut pas lui reprocher de ne pas étendre, autant que possible, le rôle de l'électeur. Elle voudrait que le collège électoral eût toujours le droit de destituer le député qui, comme le Morny moderne, manque à ses serments.

La période électorale ne cesserait d'être ouverte!

LA CITOYENNE X...

C'était le dimanche 27 août 1882, à la salle Lévis.

On venait de meetinguer sur les droits et les devoirs de la *Femme libre*.

On allait se retirer.

Une pauvre femme, comme poussée à la tribune par un besoin de sa conscience, prend la parole et nous fait entrevoir un horrible drame de famille :

— Mères, ne donnez pas à vos fils une éducation au-dessus de votre position, car l'État fera de vos fils des soldats et leur instruction en fera des officiers, et vos fils ne vous connaîtront plus... et ils seront Versaillais... Moi, j'étais de la Commune et j'ai fait mon devoir !...

Personne n'a pu me donner le nom de cette malheureuse, mais je me souviendrai toujours de sa voix caverneuse, de ses yeux sombres, de ses gestes désolés.

Pauvre femme !...

QUATRIÈME SÉRIE

LES SECTAIRES
DE LA COMMUNE

ALLEMANE

Le typographe Allemane est un homme de quarante-deux ans, au teint brun et bilieux, aux cheveux abondants, ébouriffés, tout noirs, aux longues moustaches se confondant avec la barbiche. Il a vraiment une tête d'illuminé. Le geste et la parole sont emphatiques. Il y en a qui l'appellent l'*homme aux cinq kilos de fer*, parce que, dans de nombreuses réunions publiques, il s'est écrié en se frappant la cuisse droite :

— Voyez cette jambe, citoyens, elle a porté cinq kilos de fer pour la défense de la liberté !

Allemane est né à Sauveterre (Haute-Garonne) en 1842.

Pendant le siège de Paris, il se fit remarquer par la violence de ses discours dans les clubs du Ve arrondissement où il habitait. Sous la

Commune, il remplit les fonctions de délégué à la mairie de cet arrondissement, fonctions pour lesquelles il fut condamné, le 22 septembre 1871, à la déportation.

Quand on a porté cinq kilos de fer pour la défense de la liberté, c'est bien le moins qu'on essaie de reconquérir la sienne. Allemane s'évada en compagnie de Trinquet. Arrêté de nouveau, il fut condamné à cinq ans de double chaîne.

A son retour de la *Nouvelle*, il se maria et reprit son ancien métier de typo, tout en écrivant dans le *Prolétaire* des articles intitulés : « Ces bonnes Compagnies de chemins de fer ! — La Torture au bagne, etc. »

En août 1881, il posa sa candidature aux élections législatives du 11ᵉ arrondissement, mais en vain.

Quatre mois après, il servit de témoin avec Digeon au citoyen Fournière quand celui-ci voulut se battre en duel avec Massard, du *Citoyen*.

En 1882, il fut délégué aux congrès ouvriers de Saint-Étienne et de Roanne.

Il est membre du comité national du parti ouvrier qui a sous sa dépendance 350 chambres syndicales ouvrières et cercles d'études sociales.

Comme Louise Michel, le citoyen Allemane est poète à ses moments perdus. Pendant sa déten-

-tion à l'île de Nouméa, il a composé dans sa cellule une pièce de vers intitulée : *Les Transportés*, qui se chante sur l'air des *Sapins*.

En voici les deux premiers vers :

> Vaste Océan, tes vagues écumantes
> Ont vu passer ces soldats d'avenir.

La chose a pour refrain :

> Si la Patrie est enchaînée,
> Par eux qu'elle soit délivrée.
> Par eux que la France chérie
> Retrouve l'énergie
> Et soit régénérée.

Allemane n'a jamais cessé de prendre une grande part au mouvement révolutionnaire.

Il fut de ceux qu'on arrêta en mars 1883, au lendemain de la fameuse manifestation de l'Esplanade des Invalides.

Son journal *le Prolétaire*, dans une seconde édition, annonça ainsi son arrestation :

Le citoyen Allemane, membre du Comité national et rédacteur du journal *le Prolétaire*, et le citoyen Bestetti, membre du Cercle des travailleurs du V° arrondissement, ont été arrêtés vendredi matin à 6 heures. On ne sait encore aujourd'hui dimanche, à sept heures du matin, le motif de ces arrestations d'autant plus extraordinaires que nos camarades du Parti ouvrier n'ont assisté à aucune des manifestations dernières.

Leurs familles n'ont pu communiquer avec eux.

C'est le Vendredi matin, 16 mars, à six heures, que le commissaire de police du quartier Ménilmontant s'est présenté, accompagné de deux agents, au domicile d'Allemane, rue du Pressoir, 11.

Allemane, qui travaille à l'imprimerie Schiller et qui fait partie de l'équipe du *Voltaire*, était rentré à trois heures du matin de son atelier. Il était donc au lit quand le commissaire et les agents frappèrent à la porte de son logement, situé au deuxième étage, au fond du corps de bâtiment.

Madame Allemane vint ouvrir. Le commissaire lui exhiba un mandat d'amener signé de M. Barbette, juge d'instruction, en lui disant qu'il venait procéder à l'arrestation de son mari. Allemane se leva immédiatement et se mit à la disposition du commissaire de police, en protestant contre son arrestation. Le magistrat fit ensuite une perquisition dans les deux pièces qu'occupe la famille d'Allemane, mais ne trouva aucun papier.

Allemane fut conduit au commissariat, puis au dépôt de la préfecture de police, où il occupe la cellule 106.

Madame Allemane s'est rendue dans la matinée au Dépôt, mais elle n'a pu voir son mari, qui a été interrogé dans l'après-midi par M. Barbette.

— Je ne puis comprendre, lui dit-il, le motif de mon arrestation, car je n'ai jamais cessé de m'opposer aux manifestations de la rue, et j'ai toujours conseillé le calme dans les réunions où j'ai pris la parole.

Quelques jours après, la police le relâchait.

L'année suivante, le 17 mars 1884, Allemane cessait de *conseiller le calme*. Il écrivait en effet dans le *Prolétaire* un virulent article qui se terminait par ces mots, suffisamment explicites :

Que nos toasts enthousiastes rappellent, en même temps que l'héroïsme de nos morts, le devoir étroit qui incombe aux vivants de persévérer dans la voie libératrice. Faisons aussi des vœux afin que désormais les mers, les fleuves et les monts ne soient plus un obstacle à l'union des exploités, et que notre ardent et fraternel appel soit entendu par les travailleurs du monde entier ; car il faut que le 18 Mars devienne la fête universelle, afin que, si l'Internationale noire, blanche ou tricolore tentait, une fois encore, de faire reculer la civilisation, les vaillants n'aient cure des frontières et se précipitent, unis et conscients, là où flottera le rouge étendard qui claquait au vent en l'an révolutionnaire 1871.

Et si, après le formidable cri de : « Vive la Commune ! » qui, demain, sortira de tant de poitrines, il en est d'assez osés pour rêver d'hécatombes prolétariennes, nous leur dirons que le peuple a dressé la statistique de ses morts, et que, si leurs coupables agissements soulèvent la tempête, ils ne pourront s'en prendre qu'à eux-mêmes de ce qu'il pourra advenir.

A bon entendeur, salut!

Le grand jour, Allemane sera au premier rang. Ce survivant n'a pas désarmé. Pourtant je dois ajouter que son ancien patron, M. Schiller, le considère comme un excellent typo et comme un très honnête homme.

Aujourd'hui Allemane va d'imprimerie en imprimerie, où l'appelle le meilleur ouvrage.

CAMILLE BARRÈRE

Condamné à la déportation pour avoir participé à la Commune, le citoyen Barrère se retira de l'autre côté du Rhin, d'où il envoya des correspondances à la *République française*, alors suffisamment communarde.

A-t-il changé en même temps que Gambetta? La vérité est qu'après avoir été nommé secrétaire d'ambassade de 1re classe, il a été délégué à la commission européenne du Danube.

M. Barrère occupe aujourd'hui le poste exceptionnellement important de chargé d'affaires de France en Egypte.

Il a été récemment nommé chevalier de la Légion d'honneur pour *titres exceptionnels*.

La Commune a mené à tout, même à l'opportunisme.

Dr BRICON

Un homme excessivement dangereux, précisément parce qu'il est rangé et travailleur.

On ne l'a jamais vu mêlé aux manifestations publiques, mais c'est son cerveau qui est armé.

Ancien secrétaire de Protot au ministère de la Justice, il est resté, de cœur et d'esprit, fidèle à la Commune.

Comme médecin, il ne veut pas « faire de clientèle. » Il est très riche.

Il se contente de travailler à l'hospice de Bicêtre avec son ami le docteur Bourneville.

Malgré sa fortune, le docteur Bricon ne sera jamais conservateur que d'une seule chose : sa bibliothèque dont il est très fier et qui est d'ailleurs fort importante.

JULES DALOU

Au dire de Maxime Lisbonne, c'est uniquement pour s'être battu comme un héros pendant la Commune que l'éminent sculpteur a été décoré en 83. Lisbonne sera toujours fantaisiste.

DIGEON

Un comique farouche qui, dans toutes les réunions publiques, a la rage de bondir à la tribune et de s'écrier, en brandissant le poing :

— Il faut nous mettre en état d'insurrection !

Généralement on répond : « Oui ! oui ! » Mais jusqu'à ce jour, cela est heureusement resté à l'état platonique.

Séide de Louise Michel, il l'accompagnait partout. C'est lui qui, certain dimanche, salle Lévis, dans un meeting organisé par la grande citoyenne en faveur des femmes, a défini le mariage ordinaire, *un esclavage qui a toujours la porte ouverte sur la débauche.*

FLOTTE

Il est très aimé dans le parti, le « père Flotte. »

Dans sa jeunesse, il était cuisinier. A la chaleur de ses fourneaux, il s'éprit de Blanqui, dont il devint le partisan fidèle.

Il fut condamné avec lui le 15 mai 1848 par la Haute-Cour de Bourges.

Après sa détention, il passa en Amérique où il fonda, à San Francisco, un grand *Hôtel-Restaurant* qui réussit admirablement.

En 70, il éprouva le besoin de « saluer la République française. » Il céda sa maison de San Francisco à son neveu et revint à Paris. Il y est resté depuis.

Il a raconté lui-même dans une brochure récente le rôle qu'il a joué pendant la Commune. Il s'est alors exclusivement consacré à négocier l'échange de l'archevêque et de ses compagnons de captivité contre Blanqui...

GAUSSERON

... « Il fallait un calculateur. Ce fut un danseur qui l'obtint... »

Beaumarchais aura toujours raison.

Gausseron, officier de mobiles pendant le siège, entra, dès les premiers jours de la Commune, dans la magistrature! Il fut nommé commissaire aux délégations judiciaires!!.

Pendez-vous, M. Clément.

Vint la tourmente finale. Il gagna l'Angleterre où il s'établit professeur. Que de métiers divers!

A l'heure qu'il est, M. Gausseron occupe, à Paris, une importante situation dans une des grandes écoles de la Ville.

Il n'est plus terrible que pour les « jeunes élèves ».

GIFFAUT

Un adorable garçon qui est aujourd'hui l'un des principaux rédacteurs du journal l'*Intransigeant*.

On ne saurait vraiment trouver un jeune homme plus tranquille, plus doux, de meilleure compagnie.

Pendant la Commune, il était employé à la Préfecture de Police, au bureau des Archives, sous les ordres de Jeunesse, qui depuis est mort diabétique.

Giffaut avait la mission de rechercher dans les archives les noms de ceux qui avaient trahi le parti.

A ce titre, il fut un jour l'instrument d'un procès intime éminemment dramatique.

En parcourant des dossiers, il acquit la preuve certaine qu'un des républicains les plus estimés, Joseph Ruault, ami intime de Ranc, n'était qu'un espion politique.

Giffaut était contraint de faire connaître sa découverte.

Quand on lui dit que Ruault avait trahi, Ranc, qui est pourtant l'homme le plus froid du monde, pleura...

Aux derniers jours de mai, l'espion fut conduit rue Haxo avec les otages et fusillé à côté d'eux.

Après la Commune, Giffaut, accusé d'avoir participé à l'incendie de la Préfecture de Police, fut transporté à l'Ile-Nou où sa jeunesse et son air doux lui valurent un bien-être relatif. Au lieu d'être condamné comme les autres à labourer la terre et à nettoyer des écuries, l'ancien employé de la Préfecture fut attaché aux bureaux de l'administration. Il faisait des plans et portait des habits propres.

Ancien élève d'Elisée Reclus, il avait des aptitudes géographiques que les officiers pouvaient utiliser. Ils lui firent faire des travaux topographiques, cartographiques, etc. Ainsi la carte de la colonie a été dressée par l'ancien employé des Archives de la Commune.

GOIX

Ancien transporté de décembre, ancien président de la cour martiale sous la Commune, il est aujourd'hui employé à Bercy, chez un courtier en vins.

Goix est un des membres les moins connus et les plus intelligents du parti blanquiste.

Seulement, c'est plus qu'un ardent. C'est un féroce.

On se souvient que, rue Haxo, un homme, resté inconnu, donnait des ordres à ceux qui allaient fusiller les otages. Cet inconnu était Goix.

Après la fusillade, il vint, du bout de sa botte, compter un à un les cadavres qui devaient être au nombre de quarante-huit.

— Allons, c'est bien, fit-il, il y en a un de plus.

Toujours voué au rouge, Goix est resté l'ami de

Louise Michel, des Jules Allix, des Eudes. Il ne demande qu'à présider une nouvelle cour martiale.

GRANGER

Partisan acharné de Blanqui, Granger, qui nous vient de Mortagne, où son père était avoué, essaya, pendant la Commune, de faire évader le créateur de *Ni Dieu, ni Maître.* Au besoin, il eût attaqué la prison avec des partisans qu'il tâcha de rallier en province.

Ni par la force, ni par l'intrigue, il ne put réussir.

Il n'y a pourtant pas, assure-t-on, de tacticien plus habile que lui.

D'aucuns prétendent qu'il est aujourd'hui le *véritable chef* des blanquistes.

JACLARD

On se souvient peut-être que, du temps où il n'était encore qu'étudiant en médecine, mais où il était déjà blanquiste, Jaclard fut un des orateurs les plus véhéments du congrès de Liège. Il fut même, après ce congrès, chassé avec Germain Casse, Régnard et Aristide Rey, de la Faculté de Paris.

Un heureux, malgré cela.

Il épousa, à la fin de l'Empire, la fille d'un général russe, une jeune nihiliste réfugiée à Paris.

Pendant le siège, Jaclard, très exalté, ami de Clémenceau, fut nommé adjoint au maire du XVIIIe arrondissement. Colonel de la garde nationale de la Commune, il fut *élu* chef de légion du XVIIe arrondissement. Les habitants de Montmartre et de Batignolles l'ont vu bien souvent, en avril et en mai de l'année rouge, caracoler, roide et mince, sur son cheval noir, des Ternes à Clignancourt, dans les rares intervalles que lui laissait le service des avant-postes.

Chargé de défendre la barricade très compromise du boulevard Voltaire, il y faillit dix fois mourir. A ses côtés, Vermorel fut tué et Lisbonne blessé. Après l'entrée définitive des troupes, Jaclard s'exila en Russie, où il publia de nombreux articles dans des revues locales.

Cinq ans après, sa position littéraire était faite.

Jaclard occupe aux Batignolles un bel appartement d'où il continue à envoyer en Russie des correspondances sur le mouvement parisien.

Fidèle à ses anciens amis, il assistait au mariage de Fortin et à l'enterrement de Jules Vallès.

JACQUOT

Ancien élève de l'École de Saint-Cyr, ancien officier, Jacquot entra dans le journalisme républicain quelque temps avant le siège. Il devint pendant la Commune un des principaux rédacteurs du *Réveil*, de Delescluze.

Après avoir été secrétaire de la sage rédaction des *Débats*, M. Jacquot est aujourd'hui consul quelque part.

LISSAGARAY

Après M. Gambetta, nous avons vu exécuter M. Clémenceau. Le 16 août 1882, c'était le tour de M. Lissagaray. Presque tout le monde y a passé.

La guillotine était dressée rue Saint-Antoine, salle Rivoli, sur l'estrade où d'habitude on se contente d'exécuter *les Volontaires* de Métra.

Deux mille personnes dans un rectangle où douze cents seraient serrées.

Le crime reproché à l'accusé était « de n'avoir pas assez fait pour le parti ouvrier et de l'avoir, en tant que journaliste, sacrifié aux intérêts de son journal ».

Au fond, c'était absolument idiot.

En tant que directeur responsable, M. Lissagaray avait voulu que son journal, la *Bataille*, eût tout ce qui fait vivre un journal : Des feuilletons, des faits divers, des comptes-rendus judiciaires.

Les ouvriers qu'il avait pris pour collaborateurs voulaient au contraire qu'il ne publiât que des tartines socialistes.

On n'abandonne pas plus autoritairement un

journal, c'est-à-dire une valeur commerciale, à l'indifférence publique.

Président du tribunal : L'éternel Joffrin.

Avant l'audition des témoins, un avocat improvisé, le citoyen Crié, se lève :

— Citoyens, dit-il, j'ai le plaisir de vous annoncer que vous n'allez pas exécuter le citoyen Lissagaray...

— Monsieur Lissagaray, crie une voix.

— Monsieur, soit ! Je ne tiens pas aux formules ; je voulais vous dire que vous n'exécuterez pas monsieur ou le citoyen Lissagaray *en effigie*. Il va venir. Il sera ici à dix heures. Il saura, espérons-le, faire triompher son innocence !

— Oh ! là là ! Nous verrons ! Ce sera difficile. Je demande la parole.

C'est le citoyen Brousse qui dit ce dernier mot. Il tient à manger, en guise de hors-d'œuvre, M. Crié, qui s'est permis d'écrire dans « le journal bourgeois de M. Clémenceau ». Puis il cède la parole au citoyen Labusquière, l'accusateur public qui, pendant une heure et demie, — pas une minute de moins, — va flétrir *Monsieur* Lissagaray.

— Le citoyen Lissagaray, crient les défenseurs de celui-ci.

— Il lui arrivait de m'appeler monsieur. Je peux bien le désigner ainsi.

La salle est très houleuse. Elle se divise en deux camps bien distincts. Les uns voudraient sauver la victime contre laquelle les autres voudraient s'acharner. C'est toujours, on ne l'ignore pas, le parti cruel qui l'emporte.

Toutefois les défenseurs de monsieur ou du citoyen Lissagaray obtiennent qu'une demi-heure après son arrivée, on lui permette de parler.

Il gagne la tribune ; mouvement d'attention, suivi d'un tumulte inénarrable. L'accusé est enrhumé. Il demande un jury d'honneur.

— Plus haut, crient les uns. Nous ne sommes donc pas des gens d'honneur ? beuglent les autres. — Prends du jujube, hurle-t-on au fond de la salle.

L'accusé se démène, s'efforce, crie, proteste. On l'interrompt à chaque phrase, ses amis le défendant moins haut que ne l'incriminent ses ennemis.

Et ainsi jusqu'à une heure et demie du matin, heure à laquelle l'exécuteur Joffrin parvenait seulement à faire tomber le couperet de la guillotine.

A qui le tour ?

Nous devons ajouter que, malgré cette exécution, M. Lissagaray se porte admirablement bien.

A l'heure de l'action, ses adversaires lui pardonneraient ses feuilletons, ses faits-divers, ses comptes-rendus judiciaires et nous le verrions alors à l'un des postes les plus avancés, — et les plus dangereux pour nous, — du parti ouvrier.

LONGUET

Notre confrère qui débuta dans des journaux du quartier latin était, à la fin de l'Empire, l'un des disciples les plus fervents de Proudhon.

Ses premiers écrits le recommandaient aux socialistes qui le nommèrent membre de la Commune, le 16 avril seulement.

Après les journées de mai, il échappa aux poursuites en se retirant à Londres, où il passa tout le temps de la proscription. Il entra comme professeur au *King's College*.

Il est aujourd'hui l'un des principaux rédacteurs de la *Justice*.

MAITRE

Il n'y a pas d'existence plus bizarre que celle de cet ancien sous-officier qui vivait, avant la guerre, en donnant des leçons de mathématiques.

Eclate la Commune. Maître est élu commandant des *Enfants du père Duchesne*. Après le combat, il se retire en Valachie où il se fait alors professeur d'escrime. L'amnistie lui rouvrit, comme à tous, ce qu'on appelle les portes de la France.

Et voilà maintenant l'ex-commandant, l'ancien professeur d'escrime qui, de nouveau, donne à Paris des leçons de mathématiques.

JEAN MARRAS

Qui l'a vu se souviendra de sa tête de médaille : front découvert, cheveux noirs rejetés en arrière, nez fort, barbiche et moustache noires, yeux de la même couleur, teint d'ascète.

Marras a quarante-six ans. A l'encontre de beaucoup de communistes, il était donc un homme fait quand son ami Andrieux, membre de la Commune, lui confia, à la fin de mars 71, le poste de délégué à la direction du matériel de l'Hôtel de Ville.

Le poste était délicat. Il y avait beaucoup d'argenterie à garder au palais municipal. Avec Pinguy, gouverneur militaire de l'Hôtel de Ville, et Leo Meillet, questeur, Marras s'installa dans les appartements qu'occupait naguère le baron Haussmann.

Pendant les quinze premiers jours, il fit à peu près tout à la Ville. Rien n'était organisé. Marras, qui avait la confiance de la commission exécutive, fut à la fois préfet, maire, chef de plusieurs divisions, caissier, etc.

Ainsi les cartes de membres de la Commune portèrent la signature du délégué au matériel. Plus de trois mille laisser-passer ont été délivrés par lui. Etc.

Après la répression, il se retira en Espagne. Il était à Barcelone quand il apprit par hasard qu'il était déféré au troisième conseil de guerre.

Il écrivit au président qu'il jugeait absolument inutile de faire de la prison préventive, mais que l'on pouvait compter sur sa présence, le jour où elle serait nécessaire.

L'affaire cependant le préoccupait. Il revint à Paris, fit savoir qu'il y était et pria même le conseil de lui envoyer le mandat de comparution chez son frère, domicilié à Montrouge. Il va sans dire que le jour où le président apprenait cette nouvelle, Marras était en lieu sûr. Catulle Mendés, son ami, lui avait offert l'hospitalité.

Notre charmant confrère, qui reste poète, même quand il est simple chroniqueur, fit mieux. Il accompagna son hôte jusque dans le cabinet du capitaine instructeur.

L'interrogatoire de Marras fut épique.

L'ancien délégué à la Ville avait par bonheur pour juge d'instruction un lettré, le capitaine Issaley, qui se montra ravi d'avoir devant lui le protégé de plusieurs poètes. Leconte de Lisle lui avait écrit qu'il ne connaissait point d'homme plus honnête que Marras. De même, Théophile Gautier s'était fait un devoir de déclarer qu'il avait pu sortir de Paris avec sa fille grâce à un laisser-passer de Marras « qui en délivrait à quiconque ne partageait point les idées de la Commune. »

Ici une parenthèse : Un seul mot avait alors

chiffonné l'ancien rédacteur du *Moniteur universel* : « Je ne pardonnerai jamais à Marras, répétait souvent Gautier, d'avoir appelé ma fille, sur le laisser-passer : La citoyenne Mendès. »

L'interrogatoire dura quatre heures. Le capitaine Issaley l'agrémenta de citations littéraires. Il y avait une chose qui ne pouvait manquer de plaider en faveur de l'inculpé : Marras avait trouvé à la ville pour 650,000 francs d'argenterie qu'il eut assez de peine à défendre et qu'il parvint à sauver.

Bref le capitaine Issaley rendit une ordonnance de non-lieu qu'il accompagna même de compliments.

Aujourd'hui Marras est un de nos plus laborieux confrères.

Laborieux, parce que délicat et soigneux.

Il lime son style. On lui a même reproché de le limer trop. On lui dit :

— Vous feriez mieux de faire parler vos personnages comme tout le monde.

Il répond :

— Je ne comprends pas. « Tout le monde » n'est pas une unité. « Tout le monde » se compose d'individualités dont chacune a son langage.

Ainsi, moi, j'ai ma façon de parler et je serais désolé qu'elle fût celle d'un autre.

La Famille d'Armelles qu'il a fait jouer à l'Odéon est trop près de nous pour que j'insiste sur ce drame qui a été l'objet d'un procès encore pendant.

Aujourd'hui Marras semble avoir renoncé au théâtre pour le roman. Il en a récemment publié un dans le *Petit Parisien*. Il travaille à un autre.

C'est un persistant qui remplace l'espérance par un courage opiniâtre.

OLIVIER PAIN

On a raconté qu'un des nôtres, un journaliste, parti comme reporter au Soudan, était devenu généralissime, puis ministre des affaires étrangères auprès du vainqueur des Anglais !

La chose peut paraître singulière à ceux qui ne connaissent pas Olivier Pain. Elle n'a étonné aucun de ses amis. Personne, en effet, n'a le pied plus voyageur, la main plus belliqueuse, l'esprit plus aventureux que notre confrère, qui semble être d'un autre âge. Nul roman n'a l'intérêt de sa vie. Je vais essayer de la raconter.

A la fin de l'Empire, Pain, qui n'avait que vingt-trois ans, sacrifiait, en vrai jeune homme, à la Muse, qu'il essayait parfois de rendre vengeresse. Il détestait l'Empereur, ce qui était fort à la mode chez les tout jeunes gens. En 1869, il allait à Sainte-Pélagie consoler la victime de Napoléon III, Charles Dacosta, que les « tendresses » de l'époque appelaient Coco. C'est dans le vaste couloir de cette prison qu'il connut Rochefort, également privé d'air.

Si Pain se mit à aimer le tombeur de l'Empire, on s'en doute. Il lui voua une réelle adoration que Rochefort, bien que stupéfait, se mit à lui rendre. Le « lanternier » l'attacha à sa fortune et le fit nommer, après le 18 mars, secrétaire général au ministère des affaires étrangères. C'est peut-être depuis ce temps que Pain s'imagine avoir été créé et mis au monde pour réformer la carte de l'Europe, de l'Asie et de l'Afrique.

Au 24 mai, pourtant, il oublia la diplomatie pour prendre un fusil. Les anciens fédérés racontent qu'il n'a cessé de se battre, sur la place du Château-d'Eau, qu'après plusieurs blessures. Vermorel le fit transporter chez deux jeunes filles qui le soignèrent. A peine guéri, Olivier ne pensa qu'à s'évader. Paris n'était point sûr pour lui.

Grâce à la protection d'un officier, il se rendit à Rouen où il avait un ami de collège.

Il lui dit :

— Je viens te demander l'hospitalité.

— Y penses-tu? On te recherche! Si on allait m'arrêter avec toi?

Bref, l'ami, fort inquiet, alla demander conseil au commissaire de police. Celui-ci, le soir même, arrêtait l'ancien sectaire de la Commune et le dirigeait vers Paris.

Voilà Pain en prison, puis devant le conseil de guerre. On l'envoya à la Nouvelle-Calédonie, où il se retrouva avec Rochefort.

Là encore, il chercha à s'évader. Rochefort, qui pensait à se sauver avant même de partir, avait emporté dans ce but des *fonds de bain*, c'est-à-dire des planches de liège. Arrivé là-bas, il les coupa en morceaux, en fit deux ceintures.

— Nous ne pouvons fuir, dit-il à Pain, que par la mer. Comme nous ne savons pas combien de temps nous aurons à nager, il est bon que nous ayons de quoi nous soutenir en cas de besoin.

— Mais je ne sais pas nager du tout, répondit Pain.

— Eh bien! apprenez.

Là-bas, vu la chaleur, on passait une partie de la journée dans l'eau. On serait mort sans cela.

A la fin du mois, Pain nageait comme un poisson. Quand la chose fut bien avérée, les deux amis mirent chacun une ceinture et ne reparurent plus à la Nouvelle-Calédonie.

Une barque payée par des amis les attendait à une lieue de leur cantonnement, puis plus loin un vaisseau. Ils parvinrent en Angleterre, d'où ils gagnèrent la Suisse.

Éclata la guerre turco-russe. Pain chercha dans les journaux parisiens une place de correspondant militaire. Menier, qui dirigeait alors le *Bien public*, s'engagea à publier ses lettres. L'aventurier partit. Il franchit, non sans difficulté, les lignes russes, arriva à Plewna où il gagna la confiance d'Osman-Pacha.

Mais il ne pouvait suffire à l'ancien fédéré d'être journaliste. La guerre l'excita. Il demanda des armes et fit le coup de feu contre les Russes. Entre temps, il servit d'intermédiaire entre le grand-duc qui écrivait en français et Osman-Pacha. Après la défaite des Russes, les Roumains trouvèrent Pain vêtu en artilleur turc. Vainement il arrache ses boutons. Ils le prennent quand même, l'emmènent par un froid atroce et lui font faire quatre cents lieues en charrette. On le conduit sur les bords du Volga, à Sizerane. On l'enferme dans une prison où deux Russes le gardent à vue.

Un jour, Rochefort reçoit du père de Pain une lettre désolée. Son fils venait de lui écrire : « Mon procès va être instruit. On me dit que je suis sûr d'être fusillé. Je t'écris pour que tu saches au moins où et à qui réclamer mon corps. »

Aussitôt Rochefort va trouver le ministre de l'intérieur suisse, M. Héridier, et le chancelier, M. Patru. Il les intéresse au sort de son ami. Le conseil d'État s'émeut et télégraphie au chargé d'affaires à Saint-Pétersbourg, lui enjoignant de réclamer Pain comme citoyen suisse.

Celui-ci demande une audience à Alexandre II qui répond :

— On ne peut mettre en jugement un journaliste. Il s'est battu contre nous, c'est vrai, mais un reporter emploie les moyens qu'il veut.

Et voilà comment un communard a été mis en liberté par un empereur.

Un mois après, c'était à Genève. Il était minuit. Rochefort dormait. On frappe à coups redoublés à sa porte.

— Qui est là ?

— Mais c'est moi.

Il reconnaît la voix. Il ouvre et voit entrer Pain

encore vêtu de son uniforme turc, la tête couverte d'un fez, mais tout déguenillé, sordide.

Vint l'amnistie. L'échappé de la *Nouvelle* voulut être le premier à recevoir ses anciens amis les déportés. Il alla au-devant d'eux, à Port-Vendres.

Il rentra alors dans le journalisme parisien. Tout à coup éclata la guerre entre l'Angleterre et le Soudan. Il y avait là de nouveaux risques à courir. Pain offrit au *Figaro* d'aller... dans le camp du Maahdi. L'offre était tentante. Le voilà parti, accompagné de M. Henri Rochefort fils, devenu, lui aussi, reporter.

Dès son arrivée dans la Haute-Égypte, Pain se trouva en butte à mille tracasseries que lui firent les autorités anglaises et principalement M. Clifford Lloyd, attaché au ministère de l'intérieur. Ce dernier ne pouvait d'ailleurs voir sans dépit un Français essayer de se rendre dans le camp de l'ennemi de l'Angleterre.

Les reporters, empêchés de passer les lignes, durent revenir au Caire. M. Rochefort fils, rappelé par des engagements militaires, fut contraint de se rendre en Algérie. Pain, resté seul, résolut de faire une deuxième tentative.

Accompagné cette fois d'un drogman, M. Guéry, et d'une escorte, il gagna les confins du désert, mais là, son escorte, qui avait sans doute reçu

16.

des instructions précises et monnayées, voulut l'abandonner. Il protesta. Les Arabes s'élancèrent, le couteau à la main, sur lui et sur le drogman. Sans un excellent fusil que lui avait donné Rochefort, il eût été certainement tué. Il mit en fuite les Arabes, mais par malheur vit mourir à côté de lui son compagnon de route. Gravement atteint lui-même, il dut demander du secours aux subordonnés de M. Clifford Lloyd. Dans leur méfiance, ils le conduisirent à Esneh et le jetèrent dans une prison, où il resta trois jours sans recevoir la moindre nourriture.

Les Anglais croyaient ainsi avoir eu raison de celui qu'ils traitaient en véritable ennemi. Ils comptaient sans son énergie. Pain n'avait pas eu le courage de tant faire pour ne point accomplir jusqu'au bout la mission choisie.

Après avoir envoyé à son autorité consulaire une plainte longuement motivée contre les agissements anglais, il attendit sa guérison, chercha des guides fidèles et gagna le Kordofan par la route d'El-Arbaïn.

Il envoya en tout deux ou trois articles au *Figaro*. Puis on n'entendit plus parler de lui. Il était allé si loin qu'il lui était impossible de communiquer avec la France.

Les mois se passèrent.

Dans une lettre datée du 4 novembre 1884 et qu'ont publiée les journaux anglais, le général Gordon disait : « Plusieurs Européens, parmi lesquels un Français, sont attachés au camp du Maahdi et l'aident de leurs conseils. »

Or, d'après les nouvelles qu'on nous communiqua, ce Français n'était autre qu'Olivier Pain qui, paraît-il, s'était donné là-bas pour tâche d'adoucir la situation des prisonniers. Il réalisait ainsi la promesse qu'il faisait à ses amis du Caire :

— Si j'ai accepté, leur disait-il, d'aller chez le Maahdi comme reporter, c'est surtout pour tenter d'obtenir la liberté des malheureux missionnaires et des Européens qui sont prisonniers à El-Obéïd.

Mais les Anglais, qui se sont montrés si sévères à notre égard en racontant nos premières victoires en Chine, tremblaient à la pensée que Pain serait à même de publier ce qu'il pourrait voir à Khartoum. Aussi préférèrent-ils le considérer tout de suite comme un traître. Au commencement de décembre 84, les journaux anglais qui se publient au Caire demandaient que « le plus honteux des supplices : la pendaison » fût infligé à Pain à son retour dans la Haute-Égypte.

Puis, soudain, arrivèrent par voie gouvernementale ces nouvelles : « Olivier Pain est parvenu auprès du Maahdi... Il est général en chef... Il a participé à la prise de Khartoum... Il est ministre des affaires étrangères... »

Ai-je dit qu'il était parti là-bas avec des lettres le recommandant chaleureusement au Maahdi? Une, entre autres, venait de l'ancien professeur de celui-ci, alors à Paris.

Quel est le degré de vérité des nouvelles en cours? Tous ceux qui ont recommandé le reporter ont reconnu sa main dans les derniers événements.

L'un d'eux me disait :

— Il s'est passé à Khartoum une chose bien française. Le Maahdi s'était emparé du fort le plus proche. Il n'avait qu'à lancer son armée pour entrer dans la ville. Les musulmans devaient être pressés de marcher en avant. Ils ont tardé pourtant, malgré leur fougue native. Il y a là évidemment l'influence de Pain, qui a voulu laisser venir les Anglais afin de rendre leur défaite plus décisive.

Un dernier détail : Qui croirait qu'au milieu de tant d'événements, Olivier Pain eût trouvé le temps de se constituer un ménage? Il n'y a cependant point de meilleur père de famille que lui. Il a fait à Genève un mariage d'amour. Il a quatre enfants qu'il adore... mais de loin.

C. PERRET

Il y avait un jour dans un petit village situé, je crois, aux environs de Lyon, un bambin qui ramassait des crottins sur les routes.

Un maçon qui cherchait un apprenti le rencontra et lui offrit de l'ouvrage.

L'enfant, qui se nommait Charles Perret, accepta et d'apprenti devint maçon à son tour; comme tel, il courut la France, allant au travail comme l'oiseau à la graine.

En 70, il était à Paris. Il avait vingt-deux ans. Il fut incorporé dans la garde nationale. Après la guerre, il resta dans son bataillon. Le 18 mars, il fut élu lieutenant de la 4me compagnie du 1er Fédérés.

Traduit plus tard devant le conseil de guerre pour complicité d'incendie du Palais-Royal, il fut condamné à mort par contumace.

Ah, il a fait du chemin, le bambin qui ramassait des crottins, depuis cette platonique condamnation à mort !

Il s'était réfugié en Belgique où il ne tarda point à devenir contre-maître, puis patron.

Pour arriver, il ne s'agit vraiment que d'être intelligent et travailleur.

Charles Perret, grâce au crédit, édifia à Bruxelles le Jardin d'Hiver du Palais du Roi, puis à Spa le monument de Pierre le Grand.

La fortune venait. J'ai l'air de raconter une féerie. L'ancien bambin qui ramassait des crottins rentra en France dès que le lui permit l'amnistie. Il y avait alors à Paris un redoublement d'activité. Le bâtiment allait ! Perret construisit successivement la plupart des maisons neuves de la rue de Rocroy, de la rue de Dunkerque, du quartier Saint-Philippe du Roule et tout le pâté qui fait l'angle de l'avenue du Maine et du boulevard Montparnasse.

Il a aujourd'hui cinq millions.

C'est un superbe garçon, qui ressemble assez au peintre Guillemet. Il est, comme lui, blond, rose et fort.

Ne rêvez pas, mesdemoiselles.

Perret est marié.

PIAT

Employé de chemin de fer avant la guerre, il monta vite en grade sous la Commune qui le nomma directeur de ses voies ferrées.

Il faut croire d'ailleurs qu'il a été jugé digne de ces fonctions, car il occupe aujourd'hui un des plus hauts emplois dans les Chemins de fer de l'État.

POTTIER

Un jour, — il y a de cela longtemps, — Gustave Nadaud, qui venait de lire une chanson signée Pottier, demanda à Pierre Dupont :

— Est-ce que vous connaissez ce garçon-là?

— Si je connais Pottier! s'écria l'auteur des *Louis d'or*. Ah! celui-là est un poète qui nous dégotera tous les deux...

Nadaud lut alors les autres chansons de son confrère et s'en éprit tellement que, quand celui-ci les réunit en un volume, il offrit lui-même d'en faire la préface.

Le chansonnier que vantait tant Pierre Dupont avait témoigné en 1848 d'un républicanisme exalté, que développaient encore les théories qu'il avait reçues de Fourier.

Le 4 septembre réveilla son ardeur. Le 18 mars l'enflamma. Pottier fut nommé membre de la Commune, mais aux secondes élections seulement.

Aujourd'hui il est revenu tout entier à sa Muse. Le chansonnier même s'est fait poète lyrique. Qu'on en juge :

LES DIEUX DE LA FORÊT

Ouvre, forêt, ta cathédrale sombre ;
Ouvre au penseur, qui traverse à pas lents
Ta haute nef, les ogives sans nombre
Que font entr'eux tes arbres de mille ans.
La feuille y tend sa voûte de dentelle ;
Par sa rosace on entrevoit les cieux
Et l'âme cherche un Dieu qui s'y révèle...
Eglise sombre, as-tu de nouveaux dieux ?

Novembre mord ta coupole échancrée ;
Comme une rouille, il ronge ton portail ;
Il pleut à flots. La fougère cuivrée
A l'ouragan tord son frêle éventail.
Ah ! quand le vent, cet orgue des tempêtes,
Fait éclater l'hymne religieux,
Dieux, montrez-vous, qu'on sache qui vous êtes...
Eglise sombre, as-tu de nouveaux dieux ?

Il fut ton Dieu, l'esprit des funérailles,
Le noir chaos, fièvre de l'infini ;
Mais, de ses mains, il s'ouvrit les entrailles
Et nous marchons sur ses os de granit.
Toujours la Terre a créé par secousses.
Pétrifié, ce Titan monstrueux
S'est tapissé de lichens et de mousses...
Eglise sombre, as-tu de nouveaux dieux ?

Quand Phydias sculptait des dieux de marbre,
Faune et Silvain hantaient les bois profonds ;
Vos cœurs battaient sous l'écorce de l'arbre,
Sèves de chair, nymphes aux cheveux blonds ;
Et dans la nuit qu'épaississent les branches,
Quand vous dansiez vos chœurs mélodieux,
L'œil devinait vos rondes formes blanches...
Eglise sombre, as-tu de nouveaux dieux ?

Cueillant le gui qui pousse au chêne immense,
Vient le Druide à la faucille d'or.
La Mort s'ausculte et se sent Renaissance.
Pour s'éveiller nouveau, le corps s'endort.

Géant d'osier, l'on brûle un édifice
Plein de captifs, holocauste odieux ;
Toujours l'esclave est chair à sacrifice !...
Eglise sombre, as-tu de nouveaux dieux ?

Gloire ! Hosannah ! courez, fils des misères,
Courez au Christ, vos rameaux à la main !
Sur son passage, étalez vos ulcères !
Dieu vient à vous sous un visage humain.
Hélas ! sa croix aux carrefours placée
Pour enseigner les siècles radieux
Semble un poteau d'une route effacée...
Eglise sombre, as-tu de nouveaux dieux ?

Dans tes fourrés plus d'ogre à jeun qui rôde ;
Petit Poucet n'émiette plus son pain.
Titania sur son char d'émeraude
A dû passer par ce bois de sapin ;
Sur son chemin jonché de pierreries,
Elle allumait des palais merveilleux ;
Culte jamais valut-il tes féeries ?...
Eglise sombre, as-tu de nouveaux dieux ?...

Oracles sourds, à l'heure où nous en sommes,
Nous envions l'heure où vous nous trompiez,
Les nations, ces vastes forêts d'hommes,
Fouillent en vain la terre sous leurs pieds,
Fouillez toujours, fouillez, souches divines,
Car la science est votre instinct pieux ;
Vous pompez Dieu par toutes vos racines...
Eglise sombre, as-tu de nouveaux dieux ?

De tels vers devraient nourrir leur homme. On me dit pourtant que Pottier, maintenant fort âgé, se félicite surtout d'avoir eu une fille.

Le mari de celle-ci lui sert en effet une pension de quinze cents francs.

ROQUES DE FILHIOL

Ancien courtier en vins, mais se livrant également au courtage politique, Roques de Filhiol devint, après le 4 septembre, le grand républicain de Puteaux.

Comme tel, il essaya d'embaucher les troupes versaillaises au profit de la Commune. Il fut pour ce fait condamné à la déportation.

Il méritait donc bien d'être député. Il l'est.

TAVERNIER

Vous le verriez passer, vous diriez :
— Voilà une tête de greffier bien caractéristique!...

... Tavernier a été fidèle à son type.

Il s'est laissé nommer pendant la Commune greffier à la Roquette, puis à Saint-Lazare.

Le conseil de guerre séant à Versailles l'a condamné pour immixtion sans titre dans les fonctions publiques, pour complicité de séquestration et d'évasion, aux travaux forcés à perpétuité.

Sic itur à l'Ile-Nou, d'où il est revenu en 79 sur la *Picardie*.

Grâce à un ancien communard, qui est resté son ami et qui a aujourd'hui un certain pouvoir, — ô bascule de la politique! — Tavernier est maintenant expéditionnaire à la préfecture de la Seine.

VUILLAUME

Avec Alphonse Humbert et Vermesch, Vuillaume publia, pendant la Commune, ce fameux et terrible *Père Duchesne* qui, chaque matin, demandait en termes si virulents l'exécution des otages.

A l'entrée des troupes, Vuillaume put leur échapper. Il ne fut condamné que par contumace.

Le directeur des travaux de percement du Gothard le prit pour secrétaire.

Après la fin des travaux, Vuillaume entra, en qualité d'ingénieur, à la compagnie de dynamite Nobel. C'était indiqué.

Il occupe aujourd'hui, près de Savone, un poste important dans une fabrique de dynamite; il ne pense, assure-t-on, à se servir de ses produits que pour faire sauter des rochers ou des minières.

ETC.

(*Les survivants de la Commune à l'enterrement de* JULES VALLÈS, *ancien membre de la Commune.*)

Si les manifestations qui devaient avoir lieu, le lundi 9 février 1885 et les jours suivants, sur la place de l'Opéra ont avorté, il n'en a pas été ainsi de celle dont la mort de Jules Vallès fut l'occasion. On a pu, le jour de son enterrement, compter les chefs de l'armée blanquiste.

Le général Vaillant qui, se lassant d'être conseiller municipal, voudrait bien être député, avait réuni la veille ses soldats à la salle Graffart.

Son entrée a été saluée par le cri unanime de : « Vive la Commune ! » Cela promettait.

Vaillant a provoqué les révolutionnaires à prendre leur revanche aux obsèques de son ancien collègue de la Commune, de son ami Jules Vallès, victime de la police.

— Ce sont, en effet, dit-il, les agents qui l'ont tué en allant, pendant sa maladie, faire des perquisitions illégales jusque dans son lit. Que tous les anciens membres de la Commune, que tous les révolutionnaires viennent avec moi derrière le convoi, témoigner par leur seule présence de leur indignation contre les manœuvres inqualifiables d'un gouvernement qui n'a plus rien à envier à l'Empire.

Cette proposition a été accueillie par des acclamations.

A côté de la tribune, était collé le dernier numéro du *Cri du Peuple* qui avait paru encadré de noir.

Après des discours de Ponchet et d'Eudes, tout le monde s'est donné rendez-vous aux obsèques de Vallès. On voulait que la manifestation fût générale et réunît blanquistes et anarchistes.

Le soir, la plupart des membres de la Commune qui vivent encore se sont réunis au *Cri du Peuple*.

Il a été décidé que le convoi serait conduit par eux.

Dans son testament, Vallès a demandé la bière des pauvres.

Ses amis toutefois ont payé une classe supérieure, mais n'ont emprunté à celle-ci que les tentures de la porte.

Et le lendemain, 16 février, veille du mardi-gras, on a vu pour la première fois, en plein Paris une manifestation révolutionnaire se produire en dehors de toute intervention de la police. Si scandaleux que le spectacle ait pu paraître à quelques-uns, je crois que le gouvernement a eu raison de suivre le conseil que, moi-même d'ailleurs, j'avais donné dans le *Figaro*.

Il est vrai qu'un immense cortège de révolutionnaires a promené, des hauteurs du boulevard Saint-Michel au Père-Lachaise, l'apothéose de la Commune, mais à part trois incidents étrangers au parti, il n'y a eu nulle tentative d'émeute. Tout au contraire, si les agents s'étaient montrés, on aurait peut-être eu cinquante arrestations à enregistrer.

Dès onze heures du matin, les voitures avaient le plus grand mal à circuler sur le boulevard Saint-Michel. Entre la maison mortuaire, située au n° 77, et l'École des Mines qui lui fait face, il y avait bien huit mille révolutionnaires ou curieux. Un grand nombre de blanquistes, ayant des immortelles rouges ou jaunes à la boutonnière, se pressaient devant la porte. Le corridor de la maison, l'escalier étaient pleins.

M. Blanck descend de l'appartement où est mort Vallès et monte sur une chaise :

Citoyens, dit-il, nous vous prions de ne plus essayer d'entrer. On va mettre le corps en bière. Immédiatement après, la levée aura lieu.

Pendant ce temps, les curieux, à tous moments dérangés par le passage des tramways, posent des pierres sur les rails. Le premier tramway qui veut passer, déraille. La scène devient comique. Les voyageurs, appeurés, se sauvent et sont aussitôt remplacés par deux fois plus de curieux que la voiture n'en peut porter. Derrière celle-ci, cinq ou six tramways s'arrêtent. On monte sur les roues. On envahit les marchepieds. La foule est absolument dépourvue de recueillement. On jette du sable dans les yeux des voyageurs payants pour les forcer à descendre et pour les remplacer.

Du haut de son fiacre, un habitué des réunions publiques, le cocher Mohr, récite une pièce de vers de sa composition. Il a fait entrer dans un alexandrin le célèbre mot : « La propriété, c'est le vol. »

— Connu ! s'écrie un étudiant.

— Citoyens, dit-il, le mot a été dit, il est vrai, par le citoyen Proudhon, mais comme il est très beau, j'ai cru pouvoir le mettre dans mes vers.

On rit. Les étudiants acclament le cocher Mohr. La scène eût paru navrante aux véritables amis du défunt, à ceux qui gardaient le corps sur le petit lit de fer où il était exposé depuis la veille... Mais derrière le tramway déraillé, d'autres voitures se succèdent. Le cocher de celui-ci supplie la foule de l'aider à remettre le tramway sur ses rails. On y consent, à la condition qu'il laissera attacher un crêpe à la tête de ses chevaux. Il se prête à cet étrange désir. On pare ses bêtes, puis on l'aide. On entend enfin sonner une heure. La bière est placée sur le corbillard des pauvres. On la recouvre d'un drap noir, sur lequel on dépose une couronne rouge et l'écharpe de membre de la Commune.

On forme le cortège. Le deuil est conduit par le docteur Guebhard, l'ami le plus dévoué qu'ait eu Vallès. Une jeune femme blonde, tout en larmes, s'appuie à son bras. C'est sa fiancée, l'élève et la collaboratrice de Vallès, la célèbre

17.

Séverine. Derrière eux se placent les anciens membres de la Commune, restés fidèles à la cause, les citoyens Amouroux, Arnaud, Avrial, Champy, Cournet, Dereure, Dupont Clovis, Eudes, Gérardin, Longuet, Malon, Martelet, Pottier, Régère, Rochefort, Urbain, Vaillant, Viard. Viennent ensuite les rédacteurs du *Cri du Peuple*, puis MM. Arsène Houssaye, représentant la *Société des gens de Lettres*, Alphonse Humbert, Cladel, Laguerre, Lisbonne, Robert Caze, Clémenceau, Duportal, Carjat, etc.

Pendant la formation du cortège, le plus grand tumulte se produit. A tout moment, ceux dont la place a été désignée d'avance sont repoussés par des intrus désireux d'être aux premiers rangs.

Le corbillard s'ébranle. Un formidable cri retentit : « Vive la Commune ! » Tout le long de la route, principalement aux angles des rues, ce cri se fait entendre, alternant avec celui de : « Vive la révolution sociale ! » Derrière les premiers groupes sont portées deux couronnes. Puis on se montre les bannières, les drapeaux, onze en tout. Les bannières sont rouges et garnies de mentions comme celle-ci : « Les Égaux du XIe arrondissement ». Sur l'un des drapeaux on lit : « Vive la Commune ! » Un deuxième est tout rouge, sans inscription aucune. Un autre est noir. Celui-ci représente le parti de Louise Michel. Dix mille badauds, stationnant sur les trottoirs, regardent ce défilé sans souffler mot, quand, au milieu des bannières, se dresse, au bout d'un long bâton, une couronne de violettes attachée par des rubans rouges, noirs et blancs.

Entre les fleurs est cette inscription qui se détache en lettres noires sur un carton blanc : « Les Socialistes allemands de Paris, à Jules Vallès. »

— A bas l'Allemagne ! crie un étudiant.

Une vingtaine d'Allemands entourent cette couronne. Sur le trottoir, les étudiants se réunissent. Ils délibèrent. Devant la rue Royer-Collard, ils s'élancent, criant : « Pas d'Allemands ! » Ils veulent arracher la couronne allemande. Les blanquistes défendent les étrangers. Des pourparlers ont lieu. Les blanquistes disent : « Ce ne sont pas les socialistes allemands qui ont fait la guerre, puisqu'ils sont opposés à toute guerre. » Malgré ces paroles, une lutte s'engage. Un Français d'une cinquantaine d'années s'est mêlé aux étudiants. Il est plus excité qu'eux. Les Allemands le rouent de coups et le rejettent sur le trottoir. Tel est le premier des trois incidents mentionnés plus haut. Les deux autres, bien que plus violents, lui ressembleront.

Iciune observation : Était-ce à l'heure où le

gouvernement lui-même proclamait la liberté en laissant circuler sur les boulevards les emblèmes de l'émeute, qu'il était bien convenable de ne pas laisser aux socialistes, même allemands, la liberté de manifester ?

Puisque les porteurs de la couronne étaient défendus par les blanquistes, il n'appartenait pas aux étudiants, il n'appartenait à personne, patriote ou non, de les attaquer.

Et pourtant, à partir de cette minute, le cortège qui toujours criait : « Vive la Commune ! » eut à sa droite un groupe de deux cents étudiants qui, sur l'air des *Lampions*, disait : « Pas d'Allemands ! Pas d'Allemands ! » Au nom de la liberté, rien à reprocher à ce cri; mais on ne s'est pas contenté de crier.

Boulevard Saint-Germain, devant le Théâtre-Cluny, le second incident se produit. Les deux cents étudiants se précipitent une deuxième fois sur les Allemands, essayant d'arracher la couronne !

Cette fois encore, ils furent vaincus, mais après une mêlée où l'on a vu à plusieurs reprises couler le sang. Rue Saint-Jacques, un étudiant reçoit un coup de canne plombée. Là aussi il y a du sable. On en prend. On s'en jette dans les yeux. Puis on se poursuit. On se rencontre. On tombe dans une vitrine, que l'on casse.

Lentement le corbillard continue sa marche. Et de ci de là : « Vive la Commune ! Vive la Révolution sociale ! A bas les Allemands ! »

On arrive ainsi rue de la Roquette. Là au coin de la rue Daval, troisième et dernier incident patriotique. Maintenant ce sont des pierres que l'on jette aux Allemands. Ceux-ci répondent en en lançant d'autres. Comme toujours, c'est un passant inoffensif qui reçoit en plein nez une de ces dernières.

A partir de ce moment, chacun se hâte vers le cimetière. C'est à qui y arrivera le premier, par les chemins les plus détournés.

Déjà le Père Lachaise est plein de curieux dont le nombre est inappréciable. Le caveau où doit être déposé le corps est situé au milieu de la première voie à droite. Jusqu'à la chapelle, l'allée est encombrée. Dans la première voie de droite, impossible de circuler. On se demande comment le corbillard pourra pénétrer.

Il vient cependant. Il approche. On se serre. C'est une mêlée dont on a pas idée. On ne peut faire un mouvement. On crie : « Chapeau bas ! » Mais il serait impossible de lever les bras pour prendre son chapeau. On est encaqué. On a le corps comprimé. On ne respire plus.

A peine la bière est-elle enlevée du corbillard, dix, vingt, trente citoyens grimpent sur celui-ci. Autour de nous, tous les monuments sont encombrés. Les arbres ploient sous les grappes humaines. On ne voit plus une tombe. Il n'y a plus que des curieux.

— Respect aux morts ! crie quelqu'un.
— Vive la Commune ! répond la foule.

Comment les orateurs ont-ils pu approcher de la tombe ? Mystère.

— Citoyens... crie le premier d'entre eux, le citoyen Massard, du *Cri du Peuple*.

A sa parole, le silence se fait.

Nous regardons la foule. Elle se compose de tous les malheureux de Paris. Le voilà, le meeting des ouvriers sans ouvrage. Pour l'instant, les manifestants sont bien heureux. Ils se croient au théâtre. Ils se montrent, il se nomment les acteurs qui sont de vrais hommes, tous connus.

Il y a bien dans la foule trois membres de la police, les commissaires Dresch et Lejeune et l'inspecteur divisionnaire Honnorat ; mais ils sont en bourgeois. On ne les reconnaît pas.

Parlent ensuite les citoyens Vaillant, Rochefort et Longuet. Puis commence, devant la tombe, le défilé des bannières et des délégations, qui a duré une heure.

Pendant que les anciens communards se rendent dans l'enclos des fédérés, la sortie s'effectue sans incident. On est fatigué d'avoir été pressuré. Toutefois, on suit Rochefort jusqu'à sa voiture. On l'acclame : « Vive Rochefort ! »

Place Voltaire, est joué le vaudeville final.

Tout le temps, les anarchistes se sont tus. Ils n'ont pas été invités à jouer de grands rôles dans la petite pièce. Ils ne sont pas contents. Aussi veulent-ils leur revanche. L'un d'eux, se plaçant sur le socle de pierre où se dressait la statue de l'auteur de *Candide*, fait un discours incendiaire.

Tout à coup, les anarchistes s'élancent vers lui, le saisissent au collet. Peut-être le prennent-ils pour un agent provocateur. Le fait est qu'ils le conduisent au poste de la mairie et le remettent aux mains des gardiens de la paix. Par malheur, ceux-ci ont reçu l'ordre de n'arrêter personne. Ils pourchassent la foule. Tel est le dernier incident de cette mémorable journée à laquelle il n'a manqué, du commencement à la fin, que le respect de la mort.

CINQUIÈME SÉRIE

LE MUSÉE

DE LA COMMUNE

LE MUSÉE DE LA COMMUNE

Un collectionneur acharné, M. de Liesville, qui depuis longtemps réunissait des documents historiques, ne pouvait manquer de recueillir en 1871 et les années suivantes tout ce qui devait matériellement rappeler la seconde Terreur.

M. de Liesville est mort en 84. Il a légué sa collection à la bibliothèque de la ville de Paris, rue Sévigné. C'est là qu'on peut voir les épaves de la Commune.

Grâce à l'obligeance du conservateur, M. Cousin, j'ai eu en mains les principaux objets de ce musée.

Leur description, par ordre de classement, est instructive et complètera ce volume.

Voici d'abord une médaille en étain fondu. Côté face, on lit :

18 MARS

AFFAIRE DES CANONS DE MONTMARTRE

L'ARMÉE QUITTE PARIS

Côté pile, deux canons croisés ayant une grenade en chef. Au-dessous, une pile de boulets en pointe.

Puis, une médaille d'étain non poli, de sept centimètres de diamètre.

Sur l'un des côtés :

Commune de Paris
Proclamée à l'Hôtel de Ville
Le 26 mars 1871

Sur l'autre :

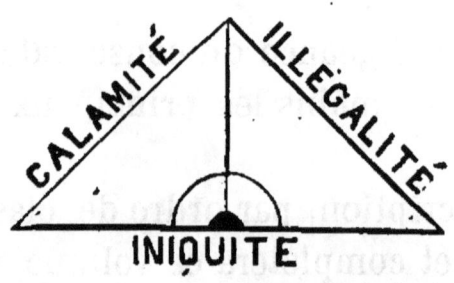

On voit par ce spécimen qu'à Paris même, il y avait au moins un fondeur qui pensait pouvoir gagner de l'argent en satisfaisant les ennemis du gouvernement insurrectionnel.

*
* *

Médaille d'étain.

Côté face, l'effigie de la République française, entourée de ces mots : LIBERTÉ, ÉGALITÉ, FRATERNITÉ.

Côté pile, au-dessous d'un petit bonnet phrygien :

AFFICHE

La Commune de Paris étant le seul pouvoir, les employés publics ne doivent rendre leurs comptes qu'à elle et non au gouvernement de Versailles, sous peine d'être révoqués.

Le 29 mars 1871.

LEFRANÇAIS, RANC, ED. VAILLANT.

*
* *

Entre un grand nombre de ces médailles commémoratives que les camelots ont de tout temps offertes aux passants, il faut signaler celle en plomb doré sur laquelle on lit :

République Française

—

MORT DU CITOYEN FLOURENS

Général de la Commune de Paris

Tué par le capitaine Desmarest à Chatou, le 2 avril 1871

On remarquera qu'ici, comme sur beaucoup de médailles et de papiers, la Commune persiste à s'appeler : *République Française*. Pour elle, le gouvernement de Versailles n'était point la République.

* *

De nombreuses médailles de différents modèles, les unes en bronze, les autres en étain, quelques-unes argentées ou dorées.

Côté face :

Une femme debout, tenant un drapeau rouge et entourée de ces mots :

Garde Nationale de la Commune de Paris.
Fédérés de 1871.

Au-dessous : R. F.

Côté pile :

LA
COMMUNE
DE PARIS

Quelques-unes sont ornées d'un bonnet phrygien.

Sur une petite, en bronze, autour de la femme debout, tenant un drapeau, on lit :

COMITÉ DE SALUT PUBLIC
—
DICTATURE DES CINQ
Le 8 mai 1871

Celle-ci devait appartenir à l'un des *Cinq*.

* *
*

Quant aux membres du comité central, ils avaient des insignes dont voici un spécimen :

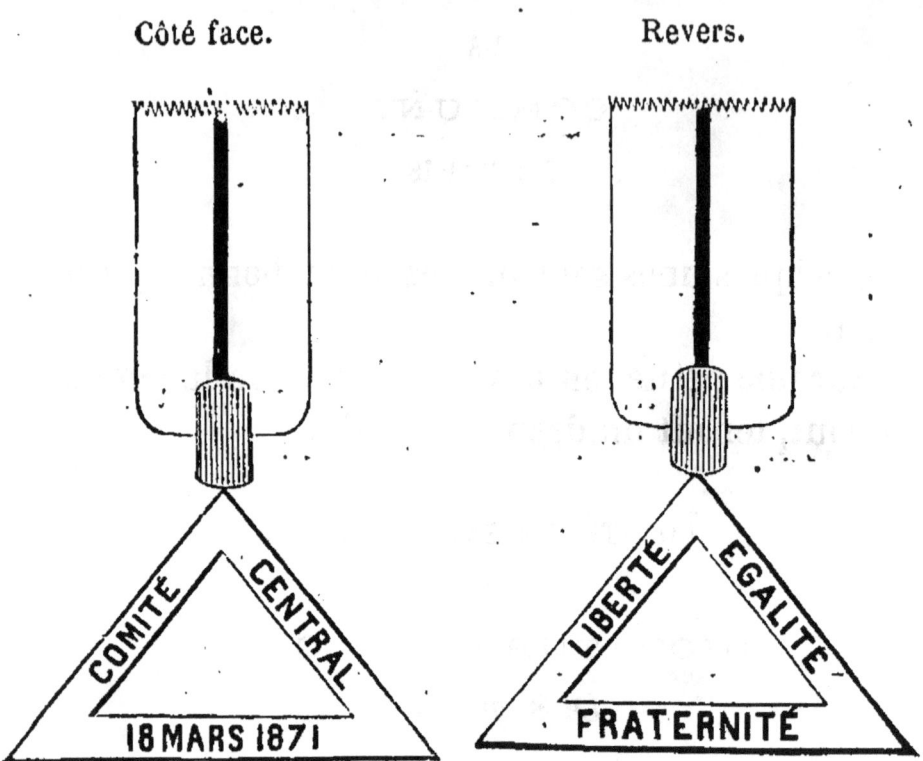

Le triangle est en argent émaillé bleu. Les lettres sont gravées.

Au milieu du triangle se détache dans le vide, une tête de la République, en bronze.

Les insignes sont fixés, à l'aide d'un coulant doré, à un ruban rouge traversé dans sa longueur par une lisière noire.

Autres insignes, ceux-ci ayant appartenu aux *conseillers municipaux* du temps :

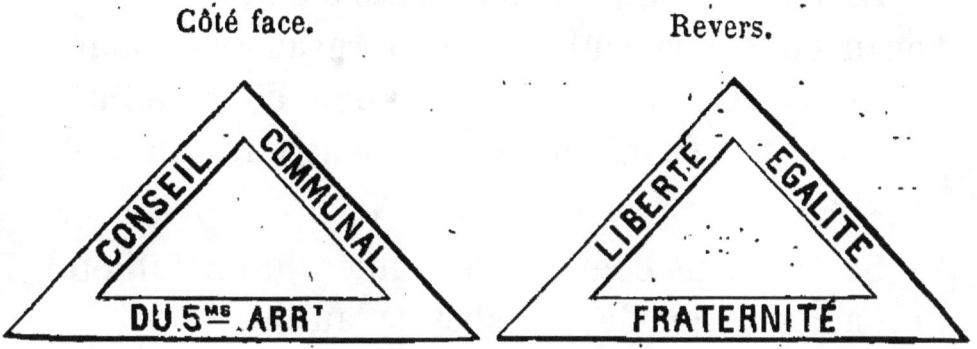

Même métal, même coulant, même ruban que pour les insignes ci-dessus.

Seulement, la tête de la République est remplacée au milieu du triangle par un bonnet phrygien au-dessous duquel sont deux branches de laurier.

Plusieurs insignes pareils portent d'autres numéros d'arrondissements.

* * *

Des numéros de bataillons.

La plupart se détachent en relief sur un bonnet phrygien en métal peint. Au bas, dans l'angle de gauche, une petite cocarde, comme un œil bleu qui serait cerclé d'or.

Le numéro du bataillon des *Enfants du père Duchesne* est particulièrement curieux.

Le bonnet rouge est surmonté d'un petit fourneau de même couleur. Ce fourneau avait pour mission de rappeler la profession du père Duchesne, qui devait nécessairement être un fumiste.

Sur certains bonnets, le numéro du bataillon est accompagné de branches de laurier.

Sur d'autres, la cocarde est remplacée par un ou deux bandeaux.

**

Une pièce de cinq francs en argent, la seule qui ait été frappée par la Commune.

Regardez-la bien. Le coin est le même que celui qui servait pendant le siège. La Commune n'a pas eu le temps d'en faire façonner un. La seule chose qui distingue cette pièce des autres est le petit trident qui, côté pile, remplace l'abeille volant.

Les pièces de cinq francs qui, portant la date 1871, ont ce trident, valent aujourd'hui le double.

* *

De nombreux boutons de manchettes en métal de couvert imitant le vieil argent.

L'un deux représente L. Nathaniel Rossel.

Le portrait de celui-ci, très bien exécuté, figure également sur des médaillons que l'on vendait aux citoyennes.

* *

Une très curieuse médaille en étain doré.

Côté face :

Un canon est hissé sur un monticule. A ses pieds, des boulets. Un coq, perché sur le canon, chante. Au-dessus de lui, on lit entre deux triangles, signe de l'égalité : *Je veille pour la nation.* Sur le monticule est cette inscription : *Buttes-Montmartre.* Au-dessous : Fédérés de 1871.

Côté pile :

Au milieu, sous un bonnet phrygien : Commune de Paris. Au-dessus, entre deux triangles : *République française.* Au-dessous : Fédérés de 1871.

Une médaille d'argent ayant sept centimètres de diamètre et valant cinquante francs.

Côté pile :

La Prudence, assise sur un coffre-fort et tendant une branche de chêne. Sur le coffre-fort est l'aigle impériale couronnée.

Au-dessus, on lit, au pourtour : La BANQUE DE FRANCE.

Côté pile :

Au pourtour : *Défense de la Banque de France, 1871.* Au milieu : COLSON JULES.

Cette médaille a été offerte, au lendemain de la Commune, à l'un de ceux dont le dévouement a sauvé le précieux établissement.

*
* *

Médaille en argent doré.

Côté face :

HONNEUR AU CORPS DES SAPEURS-POMPIERS DE LA VILLE DU HAVRE.

Côté pile :

Offert par les locataires des numéros 7 et 9, avenue Victoria et 4, rue Saint-Martin, de la ville de Paris. Incendies des 25, 26, 27, 28, 29 et 30 mai 1871.

* *

Médaille de bronze, de cinq centimètres de diamètre.

Côté face :

Image de la République ayant encore le bonnet phrygien.

Côté pile :

Honneur aux pompiers de l'Eure, les premiers arrivés pour combattre les incendies de la Commune, les 23 et 24 mai 1871.

* *

Un grand médaillon, au milieu duquel, entre deux branches de laurier, sont cinq portraits. Au-dessus : Ibant gaudentes.

Au-dessous et au pourtour : *Pro pietate mortem oppetiverunt* R. P. P. Olivaint, L. Ducoudray, J. Caubert, A. Clerc, A. de Bengy, Societatis Jesu, XXIV et XXVI mai 1871.

* *

Un autre médaillon semblable porte, côté pile : *Ad majorem Dei gloriam*, I H S.

*
* *

Toute une série a été frappée en l'honneur de l'archevêque de Paris.

La plupart des médailles ou médaillons ont, côté face, son portrait; côté pile : *Mort victime de l'insurrection, le* 24 *mai* 1871.

*
* *

D'autres médailles ou médaillons, ayant la même pile, ont, côté face, le portrait de M. Deguerry.

*
* *

Quand j'aurai mentionné une grande quantité de bonnets phrygiens montés en boutons de manchettes, de médailles en l'honneur des pompiers, de larges boutons de manchettes en métal creux reproduisant les principaux épisodes de la Commune : Proclamation de la Commune; Incendie du Ministère des finances; Incendie de l'Hôtel de Ville; Mort de l'archevêque, etc., j'aurai épuisé le médailler.

La plupart de ces larges boutons sont très bien estampés.

Nous allons maintenant fouiller ensemble la bibliothèque.

*
* *

Les papiers officiels de la Commune emplissent six cartons.

La plupart ont déjà été reproduits.

En les reconnaissant, je rencontre ce laisser-passer assez original :

COMMUNE DE PARIS

Comité de l'Intérieur et de la Sûreté générale.

Laissez circuler le citoyen   , attaché au service spécial de l'Opéra.

LE DIRECTEUR DE L'OPÉRA.

Certain rouleau de papiers ferait croire qu'en vérité la Commune était un gouvernement aussi bien organisé que ceux qui l'ont précédé ou suivi.

Sous le titre : *Rapports du Délégué de la Commune à la Direction de la Presse*, il contient l'analyse de tous les journaux lus.

Un programme amusant :

COMMUNE DE PARIS

PALAIS DES TUILERIES

servant *pour la première fois* à une œuvre patriotique.

GRAND CONCERT

au profit des veuves et des orphelins *de la République*, sous le patronage de la Commune et du citoyen Dr Rousselle.

Tout porteur de billet pris à l'avance pourra, sans rétribution, visiter le palais des Tuileries.

Parmi les noms des artistes, je relève ceux de mesdames Agar et Bordas, de MM. Coquelin cadet, Morère, Dancla, *professeur au Conservatoire*, Francis Thomé, pianiste, etc.

On ne saurait blâmer ces artistes qui avaient eu au moins le courage de rester à Paris. La charité ne s'occupe point de politique.

Un immense volume admirablement relié.

Il contient de nombreux portraits peints à l'aquarelle, et quelques-uns en charge, par M. Dupendant. Les photographies sont en regard.

Voici Dacosta avec son éternel pince-nez; Marotteau; Wroblowski; Protot; Delescluze; Dereure; Cluseret; Bergeret; Razoua; Arthur Arnould; Assi; Courbet sur la colonne, en Empereur romain; Fontaine; La Cécilia; Rochefort sur une barricade, une lanterne à la main : Ranc; Allix; Dombrowski, etc., etc., les morts mêlés aux survivants.

Cet album est très documentaire. Les photographies donnent la ressemblance exacte ; les aquarelles, assez grandes pour qu'aucun détail n'échappe, reproduisent le modèle d'après le caractère même que le public lui prêtait au lendemain de la Commune.

NOMS CITÉS DANS L'OUVRAGE

Agar (Madame) 320
Alavoine (Commune). 71
Alexandre II, empereur de Russie 280
Allard, Marcus (Commune) 24
Allard (le père) 82
Allemane (Commune) 39-254
Allix (Commune). 7-265
Amat, député 132
Amouroux (Commune) 9-298
Andrieux (Commune). 273
Arnaud (Commune) 298
Arnold (Commune). 71-132
Arnould, Arthur (Commune) 10
Assi (Commune). 321
Augereau, boulanger. 215
Aulois, magistrat 46
Avrial (Commune) 12

Balandreau, avocat 224
Barbette, juge d'instruction. 206
Barbey d'Aurevilly (Jules). 17
Barodet, député. 132
Barrère (Commune) 258
Barrois (Commune). 39-239
Barthélemy (Commune). 21
Bataille, Albert, du *Figaro* 212
Baudry-d'Asson (de), député. 180
Bazin (Commune) 156
Beaufort, comte de (Commune). 80
Beauvallet (Léon) 112
Bengy (de). 317
Béranger. 11
Bergeret (Commune). 13-321
Bergerol (Commune). 66
Berr, de la *Liberté* 199
Berry (Georges) 186
Bestetti (Commune) 72
Blanc (Louis) 36-132
Blanck 296
Blanqui (Commune) 22, 60, 117-131
Blavier, officier de paix 185
Bonjean 82
Bourneville 259
Bordas (Madame). 320
Brazza (de) 52
Brelay (Commune). 14
Dr Bricon (Commune) 259
Brissac (Commune) 37-73
Brousse, blanquiste 269
Brunel (Commune). 74

NOMS CITÉS DANS L'OUVRAGE

Budaille (Commune) 39-74

Cadolle (Commune). 132-240
Calla (Louis), député. 45
Callet, Albert (Commune). 75
Camescasse, préfet de police. 102-185
Cantagrel (Commune) 116-132
Carayon-Latour (de). 19
Carzat (Etienne). 298
Casse (Germain). 266
Castelneau (Commune). 25
Catelle 27
Caubert. 317
Caubet 185
Caze (Robert) 298
Chabert (Commune) 76-244
Chalain (Commune) 14
Champy (Commune) 244
Charpentier, blanquiste 102
Chauvière, révolutionnaire 66
Chincholle (Charles) 193
Choussedat 220
Cladel (Léon) 298
Claretie (Jules) 170
Clémence (Commune). 15
Clémenceau. 96-116-202-234-268
Clément, commissaire aux délégations . . 262
Clément, J. B. (Commune) 16-104
Clerc 317
Clifford Lloyd, diplomate anglais 281
Cluseret (Commune) 19-321
Colson (Jules) 316

Coquelin cadet. 320
Cortellier, anarchiste. 195
Coullé, révolutionnaire 25
Courbet (Commune) 321
Cournet (Commune) 20-132
Cousin 307
Crespin, révolutionnaire 64
Crié 269
Cuche. 184-189

Dacosta (Commune). 277
Dalou (Commune) 260
Dancla 320
Dangé (Commune) 248
Darcier. 17
Daumas, député 132
Degüerry (l'abbé). 82-318
Delescluze (Commune) 108-119-267-321
Dereure (Commune). 21-321
Desmarest, capitaine. 310
Désirée (La citoyenne), Commune 123
Desprez. 167
Digeon (Commune) 23-161-244-254
Dombrowski. 321
Dormoy (madame). 147
Douvet, Prosper (Commune) 76
Dresch 302
Dubois (Paul) 116
Ducoudray 82
Dupendant 321
Dupont, Clovis (Commune) 298
Dupont (Pierre) 287

Duportal	298
Duprat	214
Duvergier	131
Emmerique (Commune)	66
Enfroy	212
Eudes (Commune)	22-132-265
Fauré	185
Ferrand	28
Ferré (Commune)	80-109-243
Ferry, Emile (Commune)	31
Ferry (Jules)	110-117-155
Floquet, député	75
Flotte (Commune)	261
Flourens, Gustave (Commune)	124-310
Fontaine (Commune)	39-321
Fortin (Commune)	77-132-267
Fourier	288
Fournière (Commune)	254
France, Hector (Commune)	88
François (Commune)	82
Francolin	141
Franklin (Commune)	23
Gaillard (Commune)	132-240
Gaillot, inspecteur divisionnaire	242
Galliffet (de)	29
Gambetta	25-78-102-181-248-268
Gambon (Commune)	31-113
Gandoin, révolutionnaire	155
Garibaldi	19

Gaudier (Commune) 38
Gausseron (Commune) 261
Gautier (Emile) 171-274
Gent 228
Genton 80
Georget (Commune) 212
Gérardin (Commune) 298
Géresme (Commune) 37
Giffaut (Commune) 199-240-262
Gillet 90
Girard 218
Godard 171
Goix (Commune) 264
Gonzalès (Emmanuel) 11
Gordon, général anglais 283
Dr Goupil (Commune) 33
Gramont (Louis de) 90
Granger (Commune) 23-265
Grant 19
Grévy (Jules) 51-160-226
Grousset, Paschal (Commune) 31
Dr Guebhard 297
Guérin (Commune) 38
Guéry, drogman 281
Guesde (Commune) 22
Guillemet, peintre 286

Hébrard 41
Héridier, ministre suisse 280
Hérold 71
Herzig 216
Honnorat 184

Houssaye (Arsène)...	298
Huat...	240
Hugo, Victor...	8-36-138-226
Humbert, Alphonse (Commune)...	2-40-89-103-132-240
Ignotus...	116
Issaley...	275
Jaclard (Commune)...	277
Jacquot...	267
Jallais (de)...	112
Jamin...	196
Jesselin (Madame)...	155
Jeunesse (Commune)...	262
Joffrin (Commune)...	18-76-90-240
Jolivet (Commune)...	39
Jourde (Commune)...	42
Keller...	185
Kératry (de)...	185
Kropotkine...	178
Labitte...	234
Labordère...	226
Labusquière, révolutionnaire...	269
La Cécilia (Commune)...	76-321
Lacroix, Sigismond...	116
Lagarde (Commune)...	38
Laguerre, anarchiste...	196
Laguerre, député...	226
Laisant, député...	113
Lamourette...	211

Lapommeraye (de), Henri 123-166
Laurier. 28
Leboucher. 61
Leclère 82
Lefèvre-Roncier (Commune). 108
Lefrançais (Commune). 43-309
Lejeune. 302
Lemaire 157
Lemelle (La Citoyenne) 129-132-240
Lepelletier. 90-132
Leroy (Commune) 130
Le Tailleur 155
Lévy 205
Liesville (de) 807
Lisbonne (Commune). 39-109-240-267
Lissagaray (Commune). 103-132-268
Lockroy. 76
Longuet (Commune) 132-271
Lucas, anarchiste 186
Lucipia (Commune) 46-116-240
Lullier (Commune). 102

Maadhi (Le). 281
Macé. 185
Magnard, Francis, rédacteur en chef du *Figaro*. . 191
Mailly (de) 237
Maître (Commune). 272
Malon, Benoît (Commune) 43
Manière. 169
Marchais. 131
Marchal 38
Maret, Henri 99-113

NOMS CITÉS DANS L'OUVRAGE

Mareuil 212
Marmottan (Commune) 44
Marotteau (Commune) 40-109-321
Marras (Commune) 272
Martel 48
Martelet (Commune) 298
Martinet, anarchiste 217
Massard 254
Masson 119
Meillet, Léo (Commune) 45-273
Méline (Commune) 2-47
Melingue 39
Mendès, Catulle 274
Métra, Olivier 268
Meuzy 222
Michel, Louise (Commune) . . . 2-22-76-109-131-254
Minck, Paule 133-190
Minrada (La Citoyenne), Commune 245
Mohr 297
Montant, anarchiste 195
Moreau 212
Morère 320
Morisset, boulanger 188

Nadaud, chansonnier 287
Napoléon III 124-126
Noir (Victor) 131

Olivaint 317

Pain, Olivier (Commune) 276
Patru, chancelier suisse 280

Pélardy. 184
Perret (Commune). 285
Philippe (Commune) 120
Piat (Commune). 287
Pierron. 157
Piétri. 102
Pieyre, député. 186
Pindy (Commune) 272
Pittié (Le général). 190
Ponchet, anarchiste. 63-294
Porille (Commune). 48
Pottier (Commune). 287
Pouget, anarchiste. 212
Protot (Commune). 49
Pyat, Félix (Commune) 50

Ramé. 213
Ranc (Commune). 2-51-263-309
Raoult, anarchiste. 181
Razoua 321
Reclus, Elysée (Commune) 40-263
Régère (Commune). 298
Régnard 266
Rey, Aristide 266
Rigault. 133
Robert 248
Robinet (Commune) 51
Roche 132-244
Rochefort, Henri (Commune). 2-17-38-52-88-127-202-240
Rochefort, Henri, fils. 281
Roques de Filhiol (Commune) 291
Rossel (Commune). 119

NOMS CITÉS DANS L'OUVRAGE

Rothschild (de) 20
Rouillon 239
Rouvier. 108
Rouzade (la citoyenne) 132-247
Ruault 263

Say, Léon 42
Schiller 256
Schnerb 185
Séguin (Commune) 38
Séverine 297
Sicard (Commune) 81
Susini 132

Talandier 132
Tavernier (Commune) 291
Thiébaut 174
Thierry 212
Thiers 37-112
Thomé (Francis) 320
Tirard (Commune) 2-53
Tortelier, anarchiste 244
Trinquet (Commune) 40-254

Urbain (Commune) 58-130

Vaillant (Commune) 60-132-293
Vallès (Commune) 11-74-109-132-267-293
Vasseur 166
Vaughan 201-222-240
Vermesch 89-292
Vermorel 267-277

Vernhes 132
Viard (Commune) 298
Vinoy (général) 117
Vuillaume (Commune) 89-292

Wolff, Albert 109
Wroblowski 321

X (La citoyenne) (Commune) 250

Zevort, Lenoël 226

TABLE DES MATIÈRES

I. — Avant-propos. 1

II. — Première série : Les membres de la commune. 5

III. — Deuxième série : Les soldats de la commune. 69

IV. — Troisième série : Les femmes de la commune. 121

V. — Quatrième série : Les sectaires de la commune. 217

VI. — Cinquième série : Le musée de la commune. 305

VII. — Noms cités dans l'ouvrage. 323

F. Aureau. — Imprimerie de Lagny.

L. BOULANGER, éditeur, 83, rue de Rennes, PARIS

DERNIÈRES PUBLICATIONS
COLLECTION IN-18 JÉSUS, 3 FR. 50 LE VOLUME

E. CADOL. — Tout seul !
1 volume.

F. DU BOISGOBEY. — Le Billet rouge.
1 volume.

ÉMILE BERGERAT. — Mes Moulins.
1 volume.

A. RACOT & G. PRADEL
Les Drames de l'honneur.
1 volume.

P. MAHALIN
Les Allemands chez nous.
METZ, STRASBOURG, PARIS
1 volume.

H. DE KOCK
Les Douze Travaux d'Ursule.
1 volume.

ARMAND SYLVESTRE. — Le Falot.
1 volume.

PHILIBERT AUDEBRAND
La Dot volée.
1 volume.

É. BLAVET. — La Vie parisienne.
1 volume.

JULES MARY. — Les Faux Mariages.
1 volume.

C. CHINCHOLLE
Les Survivants de la Commune.
1 volume.

J. Lermina. — **HISTOIRES INCROYABLES**
Illustrées par A. DENISSE. 1 vol. grand in-16 br. **5 fr.**

IMPRIMERIE DE POISSY. — S. LEJAY ET Cⁱᵉ

www.ingramcontent.com/pod-product-compliance
Lightning Source LLC
Chambersburg PA
CBHW060512170426
43199CB00011B/1416